하늘의 위로와 생명이 있는 곳, 베이비박스 이야기

아가야, 어서 와
많이 힘들었지?

이종락 지음

 들어가면서

새벽예배를 위해 눈을 뜨면 내가 아닌 하나님께 이끌리어 가고 있다는 생각을 하게 됩니다.
내가 내 삶의 주인이 되는 것이 아니라 하나님이 저의 주인이 되셔서 저를 이끌어 가신다는 것입니다.
베이비박스 목사라는 수식어는 제가 한 번도 꿈꿔 보지 못한 삶이었고, 타임머신을 타고 과거로 돌아가 이 일을 사람의 생각으로 하라고 한다면 전 해낼 수 없을 것입니다.

그래서 말하고 싶습니다. 제가 이룬 것이 하나도 없습니다.
모든 것이 하나님께서 계획하시고 이루신 하나님의 전적인 은혜입니다.

인간 이종락 목사에 대한 기대를 가지고 책을 읽는다면 실망감이 크실 수도 있습니다.
두려운 것은 죄 많고 부족한 저를 많은 분들이 성자로 보는 것입니다.
하나님께서는 죄 많고 못나디 못난 저를 택하셔서 생명 살리기 사역을 시작하게 하셨습니다.
하나님께서 하셨기에 그분의 사랑만을 체험하시고 소망의 은혜에 감격하시기를 바랍니다.

책을 집필하기까지 도와준 양승원 사무국장과 국민일보 백상현 김아영 기자와 관계자분들, 디자인을 맡아주신 정해성 집사님께 진심으로 감사드립니다. 2008년 체코의 베이비박스를 소개하는 국민일보 보도가 없었다면 이 책도 없었을 것입니다. 국민일보는 저에게는 소중한 동역자이며 나침반입니다.

이 사역을 위해 헌신한 사랑하는 아내 정병옥 사모와 큰딸 지영이, 사위 차명환에게 아빠로서 장인으로서 감사하며, 당시 힘들고 어려웠을 때 손과 발이 되어 준 김혜경 사모, 정영란 전도사, 박근봉 목사, 조태승 목사 등 사역자들에게도 진심으로 감사드립니다. 그리고 곁에 없지만 하나님의 품에 안긴 둘째 아들 은만이가 아니었다면 저는 이 자리에 없었을 것입니다.

'아들 은만아, 아빠는 너와 행복한 시간을 보냈고, 너를 다시 보는 그날까지 최선을 다할게. 사랑해.'

그리고 후원으로, 자원봉사로, 기도로 섬겨 주시는 동역자분들과 주사랑공동체교회 성도들, 직원분들께 진심으로 감사하고 사랑합니다.

하나님은 사랑이십니다. 그 사랑을 예수님의 십자가 보혈로 보여주셨고 죄악으로 인해 죽을 수밖에 없는 우리를 살리셨습니다.
복음의 빚 진 자로서 베이비박스를 통해 태아의 생명, 태어난 생명을 살리고 미혼부모들에게 복음을 전하는 일, 그 사명이면 저에겐 족합니다.

주사랑공동체 베이비박스 사역은 모든 분들이 기도해 주시고 지켜 주시고 사랑해 주셨기에 저는 최선을 다해 생명을 지키고 복음을 전하겠습니다.

이 모든 일은 하나님께서 하셨습니다.

고맙습니다. 사랑합니다. 축복합니다.

 추천의 글

모든 아기들이 하나님의 형상을 따라 지어졌습니다. 그래서 살아갈 가치와 권리가 있지요.

이종락 목사님과 정병옥 사모님이 수 년 동안 해 오신 귀한 사역에 하나님께 감사드립니다.

All babies are made in the image of God. They have value and the right to live. I thank God for the loving ministry of Pastor Lee and his dear wife, have been doing for years.

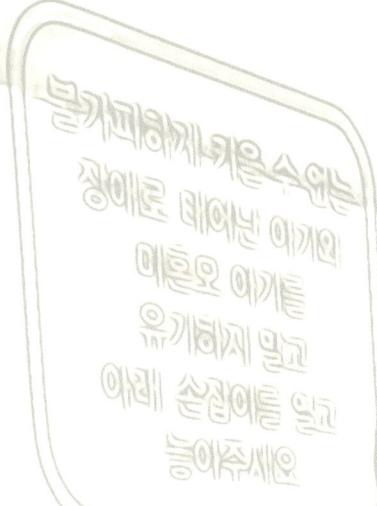

로렌 커닝햄 Loren Cunningham
예수전도단 설립자 Founder of YWAM

이종락 목사님은 저에게도 영웅 같은 분이십니다. 이 목사님이야말로 제가 말하고자 했던 은혜가 어떤 것인지 삶으로 잘 나타내 주신 분이라고 할 수 있습니다. 목사님은 소외되고 배척받는 사람들을 품어 사랑과 수용을 보여주십니다.

'베이비박스'는 사회 문제를 해결하는 창의적이고 모범적인 사례라 할 수 있으며, 또한 우리에 대한 하나님의 인간적인 사랑을 보여주는 좋은 예라고 할 수 있겠지요.

저 역시 곧 출간될 이 목사님의 '사역 뒤의 이야기'를 배울 수 있어서 참으로 기쁩니다.

Rev. Jong-Rak Lee is a hero to me. He exemplifies the kind of grace I write about. He reaches out to embrace the unwanted, rejected ones, and showers them with love and acceptance. The 'Baby Box' has become a shining example of a creative response to a problem in society, as well as a human example of God's love for us. I am delighted to learn that "the story behind the story" of Rev. Lee's life will soon be published.

필립 얀시 Philip Yancey
세계적인 기독교 베스트셀러 작가

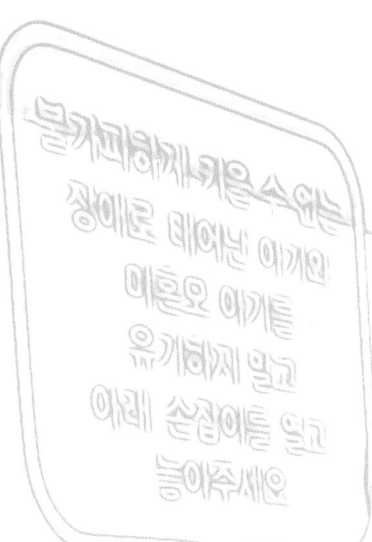

사랑하고 존경하는 이종락 목사님의 책을 추천하게 되어 영광입니다. 한국의 베이비박스 이야기를 담은 영화 "드롭박스"를 통해 이종락 목사님과 인연을 맺게 되었습니다.

한국은 1988년 올림픽에 이어 2002년 한일월드컵을 개최할 만큼 경제 성장을 이루며 선진국 반열에 오른 나라입니다.
하지만, 미혼모나 장애아 부모가 아이를 키울 수 있는 환경은 열악하며, 이들에 대한 인식 및 관련 복지제도도 다른 선진 국가에 비해 턱없이 낮은 수준입니다.
그로 인해 위기 임신이 되어 태어난 아기들은 길거리나 공중화장실, 야산에 버려져 죽는 경우가 많았습니다. 국가도 이를 해결할 뾰족한 수단이 없었습니다.

오히려 2012년 8월 출생신고를 강제하는 입양특례법이 시행되면서 불가피한 사정으로 부모의 품에서 자라지 못하게 된 아기들은 더 큰 생명의 위협을 받아야만 했습니다.

국가도 아기들의 생명을 지켜 주지 못하던 때...
가난한 산동네에서 부모가 없는 11명의 장애인 아이들을 친자식처럼 거두어 살고 있는 목사가 그들의 생명의 빛이 되어 주었습니다.
그것이 바로 베이비박스였습니다.
목사님께서 말씀하셨습니다. "존재가치가 없는 아이는 없습니다. 하나님께서 뜻이 있으셔서 모두 이 세상에 보내 주셨습니다."

당시, 베이비박스가 아기 유기를 조장한다며 국가는 많은 제재를 가했

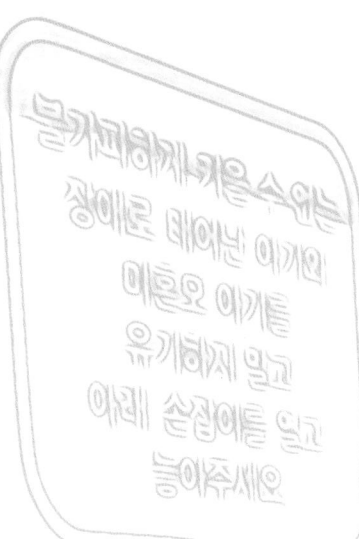

습니다. 그러나 오로지 아기들의 생명을 지키겠다는 이종락 목사님의 신앙적 소신을 그 누구도 꺾을 수 없었습니다. 베이비박스는 아기 유기를 조장하는것이 아니라 아기 포기의 방법입니다.
위기에 처한 부모들의 최후의 선택이었습니다.
바로 입양특례법이 유기 조장의 원인이었습니다.
그리고 죽음의 위기에 놓인 생명들은 베이비박스를 통해 기적적으로 보호받게 되었습니다.
11년간 그 수가 1,900여 명이라는 사실은 가히 안타깝고 놀랄 만한 기적입니다.

이번에 출판한 책은 왜 이종락 목사였는지, 왜 베이비박스였는지를 자세히 설명하고 있습니다.

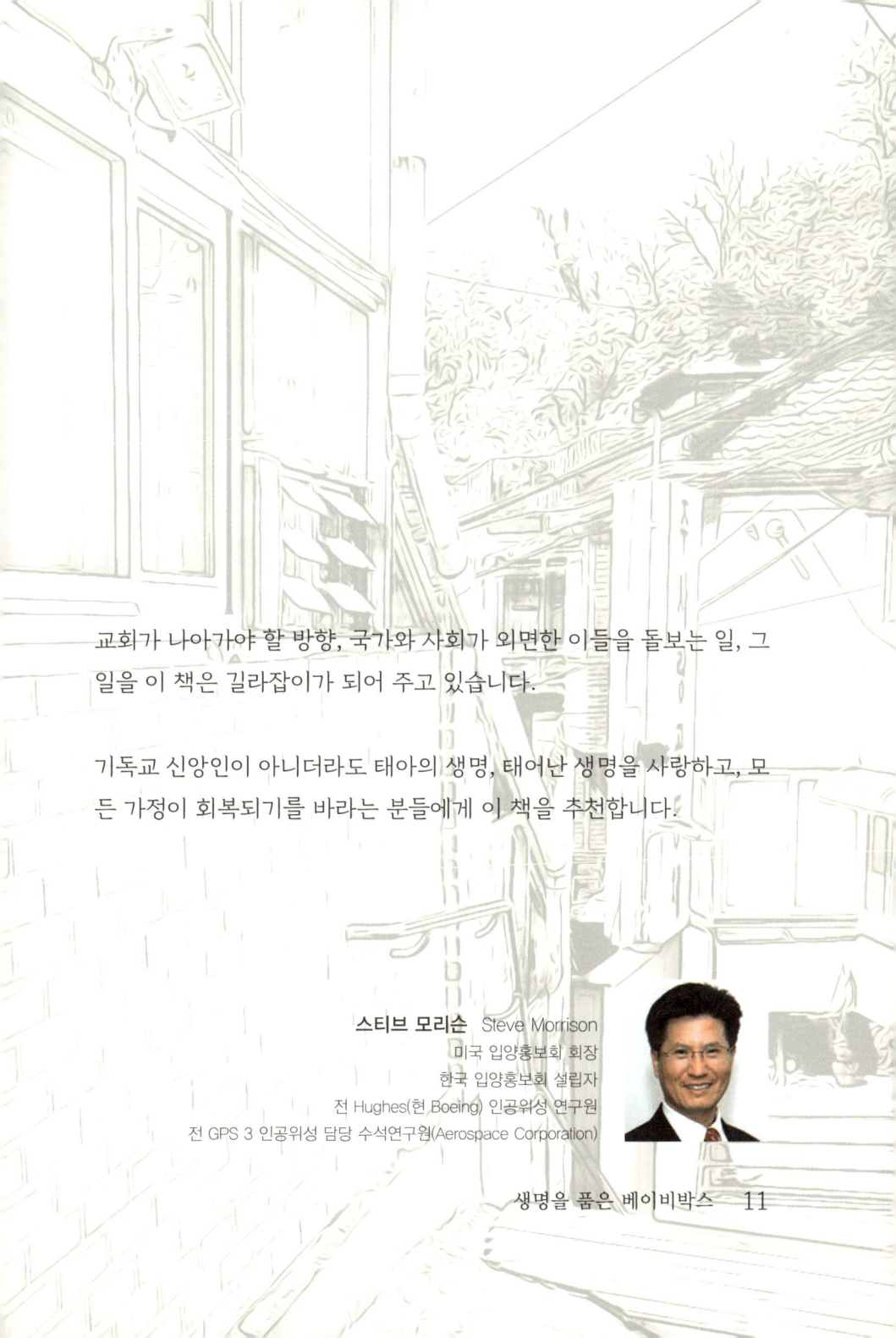

교회가 나아가야 할 방향, 국가와 사회가 외면한 이들을 돌보는 일, 그 일을 이 책은 길라잡이가 되어 주고 있습니다.

기독교 신앙인이 아니더라도 태아의 생명, 태어난 생명을 사랑하고, 모든 가정이 회복되기를 바라는 분들에게 이 책을 추천합니다.

스티브 모리슨 Steve Morrison
미국 입양홍보회 회장
한국 입양홍보회 설립자
전 Hughes(현 Boeing) 인공위성 연구원
전 GPS 3 인공위성 담당 수석연구원(Aerospace Corporation)

 목 차

들어가면서　02
추천의 글　04

발동기 벨트에 낀 아버지 붙잡고 "하나님 살려주세요"　14
나이트클럽서 남인수 모창가수 활동하다 스캔들 터져　18
나쁜 술버릇 때문에 연이은 해고… 생활비까지 떨어져　22
'백수 남편' 대신 생계 책임진 아내 보며 새 출발 다짐　26
직장 내 싸움 소식 사장 귀에… 해고될까 전전긍긍　30
"하나님 아버지" 기도 시작하자 갑자기 머리 하얘지더니　34
"좋아하는 거 버려라" 주님 말씀에 술·담배 모두 끊어　38
백혈병 걸린 아이 위해 기도… 기적처럼 회복되는 체험　42
혹 달고 태어난 둘째… 15분간 호흡이 끊겨　46
기도로 병 나았단 소문에 다른 병실까지 불려 다녀　50
"다른 아이들 치유하시는 하나님, 왜 우리 은만이만…"　54
"내 손녀 맡아주면 당신이 믿는 예수님 믿겠다"　58
목회자의 길 걸으며 6명 장애아의 아빠 되다　62
노아의 방주처럼… 산꼭대기 집으로 옮겨놓으신 주님　66

벅찬 환경에 1kg도 안 되는 칠삭둥이까지 떠맡아… 70
하늘로 보낸 한나 그리며 아이들 부모 되기로 결심 74
굴비상자에 아이 담아 교회 문 앞에 놓아두고는… 78
어느 날부터 아기들이 울부짖는 환청에 시달려… 82
아기 놓고 간 미혼모 "우리 아기 잘 있나요" 울며 전화 86
베이비박스 알려지자 아기들 늘어… 봉사자 도움 절실 90
방송사 토론 참석 "인권·법보다 소중한 건 생명" 열변 94
미 젊은 감독, 탯줄 단 채 베이비박스에 담긴 아기 보더니… 98
비밀출산법 도입해야 미혼모·아기 다 살릴 수 있어 102
'베이비박스' 있게 한 은만이… 33세에 주님 곁으로 106
"한 생명이 천하보다 귀하다"… 주님 뜻따라 생명 지킬 것 110

베이비박스 104
　베이비박스는 106
　영아 유기와 베이비박스 123
　'베이비박스' 이종락 목사의 기다림, 그 의미 132

나가면서 140

1970년 고등학교 서무과에서 일하던 시절 학교 앞에서.

발동기 벨트에 낀 아버지 붙잡고
"하나님 살려주세요"

· · · · · · · · · · · · · · · ·

"우리가 사랑함은 그가 먼저 우리를 사랑하셨음이라"
요한1서 4:19

치기 어린 때를 구태여 기억하고 싶은 이는 많지 않을 것이다. 날마다 돌이켜 자신을 "죄수 중의 괴수"라고 했던 사도 바울의 고백(딤전 1:15)이 내 고백이 되지 않을까.

나는 1954년 8월 경남 거창에서 6남매 중 넷째로 태어났다. 우리 집은 유서 깊은 유교 집안이었다. 당시 마을에서 논과 밭이 제일 많았고 정미소도 운영하며 머슴 셋을 둘 정도로 제법 부유했다. 학문에 조예가 깊고 마을 대소사를 직접 챙기시는 아버지는 동네에서 존경받는 어른이셨다.

넷째인 나는 고등학생 때 집안 어르신과 동네 사람들에게 "아버지 얼굴에 먹칠도 아닌 똥칠을 하고 다닌다"는 말을 듣곤 했다. 농번기만 되면 마을 사람들이 함께 손발을 걷어붙이고 진땀을 흘리며 모를 심었는데 나는 사람들 눈을 피해 기타와 장구를 메고 음주가무에 빠졌다. 18세 때는 집안 어르신들이 못된 버릇을 고쳐 주겠다며 고주망태가 된 나를 매질했지만, 그것도 며칠일 뿐 못된 버릇은 고쳐지지 않았다.

아버지는 나를 가엾이 여겨 사람 구실을 하게 만들려고 애쓰셨다. 친인척의 도움을 받아 고등학교 서무과, 콩나물공장 등에 취직시켰지만 나는 적응하지 못하고 뛰쳐나왔다. 더 이상 지인들에게 폐를 끼칠 수도 없고 보낼 곳도 없게 되자 집에서 운영하는 정미소 일을 시키셨다.

하루는 아버지가 정미소 일을 봐주겠다며 발동기를 작동 중이었는데 갑자기 비명이 들렸다. 아버지의 점퍼 끝자락이 발동기의 벨트에 끼어 몸이 3m가량 끌려 올라간 것이었다. 황급히 아버지 옷자락을 붙잡고 끄집어 내리려 했지만, 발동기 벨트의 힘에 밀려 나 역시 끌려 올라갈 순간이었다.

"하나님, 살려주세요." 갑자기 이 말이 툭 튀어나왔다. 무슨 이유에서인지 갑자기 벨트가 벗겨지고 작동이 멈췄다. 아버지는 크게 다치셨지만, 다행히 목숨은 건지실 수 있었다.

위험천만한 순간에 내가 불렀던 하나님이 현재 내가 믿는 하나님이다. 그때 나는 교회에 다니지 않았다. 초등학생 때 친구들과 함께 성탄절, 부활절 등 교회 절기에 맛있는 것을 얻어먹으러 간 게 전부였다.

20대 후반 예수님을 구주로 영접해 하나님을 알아갈 때 정미소 사건을 떠올렸다. 내가 하나님을 찾은 게 아니라 위기의 순간 하나님께서 먼저 찾아와 내 입술을 주장하셨음을 깨달았다.

"예수께서 들으시고 그들에게 이르시되 건강한 자에게는 의사가 쓸데없고 병든 자에게라야 쓸 데 있느니라 나는 의인을 부르러 온 것이 아니요 죄인을 부르러 왔노라 하시니라."(막 2:17)

그때부터 하나님은 나를 부르시기 위해 역경의 열매를 예비하신 것 같다. 내가 회개하고 예수님을 구주라 입으로 시인하며 하나님께 돌아오도록….

1980년 1년간 연애한 정병옥 사모와 결혼식을 올렸다.

나이트클럽서 남인수 모창가수 활동하다 스캔들 터져

"내가 전에는 비방자요 박해자요 폭행자였으나 도리어 긍휼을 입은 것은 내가 믿지 아니할 때에 알지 못하고 행하였음이라"

디모데전서 1:13

아버지는 정미소 사고로 한동안 병원에 입원하셨다. 정미소에서 아버지의 빈자리는 내가 채워야 했다. 정미소 일에 익숙해진 나는 기계가 고장 날 때마다 직접 고치며 기계의 원리를 알게 됐다.

기계를 잘 고친다는 소문이 나자 마을 사람들이 TV 라디오 오토바이 등을 가져오기 시작했다. 내 손을 거치면 대부분 정상적으로 작동했다. 난생처음 가족과 동네 사람들에게 칭찬을 들었다. 틈틈이 검정고시를 준비해 고등학교 졸업 자격을 취득했다. 삶에 잠시 봄이 온 듯했다.

당시 내 꿈은 한 시대를 풍미했던 가수 남인수 선생님처럼 되는 것이었다. 정미소 일이 슬슬 지루해질 무렵 다행히 아버지가 회복되셨다. 여유가 생긴 나는 친구들과 밴드를 결성해 콩쿠르가 있는 날이면 빠지지 않고 참가했다. 운이 좋았던지 1등 상품으로 알루미늄 냄비 같은 것들을 종종 받았다. 노래를 부르며 자연스레 술을 마시기 시작했다.

노래를 제법 부른다는 소문이 나면서 동네 나이트클럽에서 남인수 모창 가수로 활동하게 됐다. 인기가 많아지자 여성들과의 스캔들이 생겼고, 문제가 불거질 것 같아 가수가 되겠다는 핑계로 도망치듯 상경했다. 서울에서도 큰 가수가 될 것이라 믿었다.

하지만 서울이 어떤 곳인가. 나보다 노래를 잘 부르는 사람이 너무 많았다. 무대에 서지 못하고 이곳저곳을 떠돌던 나는 그간 익힌 기계 기술로 부천 송내동의 유명한 가방 공장에 취직했다. 첫 직장에서 성실하게 일한 나는 자신감이 생겼고 안정된 삶을 이어갔다.

하지만 워낙 술을 좋아했던 나는 하루도 술을 거르는 일이 없었다. 친척 누나가 지금의 아내를 소개해 줬다. 가정이 생기면 정신을 차릴 것으로 생각한 것이다. 멋지게 꾸미고 나가도 시원치 않을 판에 나는 '어떤 여자가 나를 좋아할까' 생각하며 술을 마시고 주선 자리에 나갔다.

벌겋게 취기가 오른 나를 본 친척 누나는 어이없어했다. 친척 누나는 문 앞에 서 있는 내게 다가와 내 팔을 꼬집으며 "제정신이냐"라고 했다. 하지만 웬일인가. 당시 아내는 꾸밈없는 내 모습에 호감을 느꼈다고 했다. 수줍음에 미소를 짓고 있는 당시 아내의 모습에 반했다. 그 순간 결혼해야겠다는 마음이 들었다.

1년간 연애하고 1980년 결혼했다. 주례자는 장로님이셨는데 주례사 말미에 "하나님의 은혜와 축복이 가정에 충만하시길 기도합니다"라고 말씀하셨다. 왜 그분의 마지막 말씀이 마음에 깊이 남았는지 모르겠다.

당시엔 그저 좋은 말로만 받아들이고 나와 상관없는 이야기라 생각했다. 결혼하면 정신을 차리고 가정에 충실할 것이라는 친척 누나의 말은 빗나갔다. 그때까지 내 삶은 주(酒)가 이끌던 삶이었다. 결혼 후 이듬해 첫째 딸 지영이가 태어났다.

1979년 10월 첫 직장 동료들과 기념촬영을 했다(왼쪽 두 번째).

나쁜 술버릇 때문에 연이은 해고…
생활비까지 떨어져

"흑암에 앉은 백성이 큰 빛을 보았고 사망의 땅과 그늘에 앉은 자들에게
빛이 비치었도다 하였느니라"
마태복음 4:1

공장에서 근무한 지 3년째 된 어느 날 전 직원이 봄놀이를 갔다. 차에서도 음주 가무가 가능했던 시절, 동료들이 뒤에 앉은 내게 돌아가며 술을 따라 주기 시작했다. 슬슬 취기가 올랐다.

술에 취한 나는 달리는 관광버스 안에서 흥분을 주체하지 못했다. 좁은 버스 통로를 뛰어다니며 형광등 유리창 의자 등을 파손하기 시작했다. 동료들도 손을 쓸 수 없을 만큼 순식간에 벌어진 일이었다.

운전기사는 깨지는 소리에 화들짝 놀라 도로변에 차를 세웠다. 도착지에 가보지도 못한 채 그날 봄놀이는 파하고 말았다. 이튿날 술이 깬 뒤에야 사태가 파악됐다. 봄놀이를 망치고 관광버스 집기를 망가뜨렸으니 회사에서 쫓겨나는 건 당연했다.

서울 성수동에 있는 원심분리기 제작 공장에 다시 취직했다. 밤낮없이 일하는 분위기여서 직원들은 술을 마시며 스트레스를 풀었다. 사장에 대한 불만을 터뜨리기도 했다. 그들과 술 마시고 노래하며 어울리다 보니 노래를 잘한다는 소문이 금세 퍼졌다.

어느 봄날 회사에서 전체 야유회를 갔다. 사장이 "종락이가 노래 좀 한다며? 나와서 노래해 봐"라고 권유했다. 사장은 내 노래가 마음에 들었는지 간부들 앞에서 나를 칭찬했고 간부들은 내게 술을 따라 줬다.

그것이 화를 불렀다. 고주망태가 된 나는 사장에 대한 직원들의 불만과 분노를 떠올리며 이성을 잃었다. 술상에 뛰어 올라 사장의 얼굴을 발로 찼다. 간부들에게 끌려 내려와 집단 구타를 당한 나는 이튿날 바로 해고됐다. 직장만 잃은 게 아니었다. 고막도 손상됐다.

다시 취직하려고 이곳저곳에 이력서를 냈다. 금세 취직할 것이라는 자신감이 있었다. 그러나 나의 술버릇에 대한 소문이 주변 공장들에 퍼져 있었다.

4개월째 아내에게 생활비를 주지 못하자 쌀이 떨어졌다. 급기야 아내는 쌀을 구하기 위해 결혼반지와 딸의 돌 반지를 팔려고 했다. 엎친 데 덮친 격으로 사기를 당해 결혼반지와 돌 반지만 잃고 말았다.

취직이 안 되자 전 직장 동료들은 나를 위로한다며 매일 술을 사 줬다.

생활비를 가져다줄 돈은 없어도 좋아하는 술은 언제든 마실 수 있었다. 지금 생각하면 제정신이었나 싶다. 술 때문에 이 지경이 됐는데 또다시 술이라니…. 그땐 그것이 당연한 줄 알았다.

하루는 늦은 밤 포장마차에서 친구들과 술을 마시며 세상 한탄을 하고 있었다. 포장마차의 천막 비닐 사이로 한 여인이 힘없이 슬픈 걸음으로 터벅터벅 걷고 있는 모습이 눈에 들어왔다.

'저 사람도 나처럼 상처가 있고 슬픈 일이 있나 보다'라고 생각했다. 그녀의 걸음이 포장마차에 가까워지자 얼굴이 보였다. 아내였다.

나도 모르게 테이블 안으로 재빠르게 몸을 숨겼다. "저 사람에게 상처 준 사람이 나였단 말이야. 나였어." 살면서 몇 초 만에 술이 깬 것은 처음이었다.

이종락 목사 부부가 1983년 첫째 딸 지영이의 세 돌을 맞아 생일상 앞에서 딸과 사진을 찍었다.

'백수 남편' 대신 생계 책임진 아내 보며 새 출발 다짐

• •

*"나의 사랑하는 자가 내게 말하여 이르기를
나의 사랑, 내 어여쁜 자야 일어나서 함께 가자"*
아가 2:10

아내는 포장마차에서 술을 마시던 나를 발견하지 못하고 그냥 지나쳤다. 그날 밤 잠을 이루지 못했다. 힘없이 걷던 아내의 모습이 자꾸 아른거렸다. 이렇게 만든 내가 죄스러웠다.

몇 년 후 알게 된 사실인데 아내는 벌이가 없는 상황에서 가족에게 밥 한 끼라도 먹이려 친구와 지인들에게 돈을 꾸러 다녔다고 한다. 그날은 돈을 빌리지 못해 '끼니를 어찌해야 하나' 하는 막막함으로 돌아오는 길이었다고 했다.

직장, 동료, 환경, 세상을 탓하던 내가 처음으로 '술만 마시는 내가 문제야. 모든 게 내 탓이야'라며 울었다. 처음으로 가장이자 아버지로서 책임감과 죄책감을 느꼈다.

정신을 차리고 나서 회사 수십 곳에 이력서를 제출했다. 간절한 마음으로 기다렸지만, 연락을 주는 곳이 없었다. 집에 쌀도 없는데 시간만 하염없이 지나갔다. 떳떳한 남편과 가장이 되고 싶은 마음은 간절했건만, 막다른 골목에 내몰린 느낌이었다. 먹고살기 위해 도둑질이라도 해야 하나 싶을 정도로 어려웠다.

절망이 깊어가는 가운데 서울 성수동의 한 회사에서 이력서를 낸 지 한 달 만에 연락이 왔다. "이종락씨, 아직 취직 안 했으면 우리 회사에서 영업직으로 일합시다."

그 소식에 너무 기쁘고 행복해 동네 한 바퀴를 뛰었다. 실직 기간이 더 길어졌으면 가족을 위해 무슨 일을 저질렀을지 모른다. 가장으로서 아내와 딸을 위한 절실함이 생겼다. 더는 가족을 실망시키고 싶지 않았다.

입사한 회사는 믿음이 신실한 사장이 운영했다. 매주 월요일 목회자를 초청해 예배를 드렸다. 한 목회자가 성 어거스틴의 참회록을 주제로 말씀을 전했다. 그는 술을 마시며 음탕하고 타락한 삶을 살던 어거스틴이 회개해 성화되는 과정을 소개했다.

어거스틴의 타락했던 삶이 어찌나 내 삶과 같은지…. 모든 말씀이 집중포화를 퍼붓듯 내 심장을 때렸다. 눈물이 났다. 함께 예배를 드리던 직원들이 이상하게 쳐다봤다. 창피해서 눈물을 닦고 또 닦아도 주체할 수 없을 정도로 많은 회개의 눈물을 흘렸다. 그러다 목놓아 울었다.

이날 말씀이 내 마음에 깊이 새겨졌다. 새로운 마음으로 회사 생활을 해야겠다고 다짐했다. 하지만 교회에 다녀야겠다는 생각은 들지 않았다. 다만 전 직장에서 내가 어떤 사고를 쳤는지 회사 사람들도 소문을 듣고 알고 있었기에 어떻게든 말씀을 실천하고 싶었다. 친구와 술을 멀리하고 남들보다 두세 배 열심히 일하기 시작했다.

다행히 조금씩 사장의 신임을 받기 시작했다. 시간이 지나면서 회사의 모든 열쇠와 창고 관리까지 맡을 정도로 인정받았다. 나에 대한 사장의 신임이 두터워질수록 동료들의 불만은 커져 갔다. 동료들의 시기심과 질투가 고조될 즈음 사건이 터졌다.

1986년 한 기도원에서 시각장애인 바디매오 역 (왼쪽 세 번째) 을 맡아 성극을 하고 있다.

직장 내 싸움 소식 사장 귀에…
해고될까 전전긍긍

"이르되 주 예수를 믿으라 그리하면 너와 네 집이 구원을 받으리라 하고"
사도행전 16:31

하루는 직장 후배가 노골적으로 일을 게을리해 일을 제대로 하라고 훈계했다. 그가 비아냥대며 말을 듣지 않자 나도 모르게 손이 나갔다. 나보다 덩치가 컸던 후배는 기다렸다는 듯이 반격했다. 큰 싸움으로 번지면서 내 눈과 입술이 찢어지고 코피가 났다. 사무실은 순식간에 난장판이 됐다. 동료들은 그제야 싸움을 말렸지만, 이 소식이 사장의 귀에까지 들어갔다. 찢어진 상처로 아픈 게 문제가 아니었다. 잠들어 있는 아내와 딸을 번갈아 쳐다보며 '이 일로 직장을 잃으면 어쩌나' 하는 마음에 밤을 꼬박 새웠다.

이튿날 아침 사장이 나를 불렀다. '문제가 많았던 것을 알고도 채용했는데 또 사고를 쳤으니 분명 해고하겠지.' 너무 긴장한 나머지 부들부들 떨며 식은땀까지 흘렸다. 사장 앞에서 무릎 꿇고 제발 해고는 하지 말아 달라고 눈물로 호소할 생각이었다.

한숨을 쉬며 별말이 없던 사장의 모습에서 불길함을 느꼈다. 그때 사장의 한마디가 떨어졌다. "이종락씨." 이 분위기면 짐 싸라고 하겠다 싶었다. 이렇게 해고되고 마는 걸까. 하지만 사장이 이어서 한 말은 믿기지 않을 정도로 뜻밖이었다. "이종락씨는 예수 안 믿으면 안 되겠어. 예수 안 믿으면 큰일 낼 사람이야."

이해할 수가 없었다. '해고가 아니라 예수를 믿으라니. 이게 벌이 맞나.' 한편으로는 안도감이 들었지만, 사장의 의도를 도무지 알 수 없었다. 싸움 이야기는 전혀 하지 않았다. 사장은 그저 예수 믿고 교회에 다닐 것을 제안했다.

이 제안이 명령처럼 느껴졌지만, '해고가 아니라 단지 예수를 믿어 보라는 제안이니 얼마나 다행인가'라고 생각했던 기억이 남아 있다. 그보다 더한 벌을 준다고 해도 기꺼이 감수할 마음이었다. 교회에 다니겠다고 바로 약속했다. 사장은 내 손을 잡고 영접 기도를 했다.

"주님께서 사랑하는 아들 이종락씨의 길을 인도해 주시옵소서. 나라와 사회에서도 하나님의 큰 일꾼이 되게 하옵소서. 모든 말씀 우리 주 예수 그리스도의 이름으로 기도드렸습니다."

아멘도 모르는 내가, 사장의 두 손을 잡고 눈을 감은 채 함께 기도했다. 아니, 사장의 기도를 들었다. 가슴이 뭉클했고 큰 감동이 밀려왔다.

기도를 마친 나는 감사한 마음으로 사장실에서 나와 안도의 한숨을 쉬며 자리로 돌아왔다. 후배와 전 직원에게 공개적으로 사과한 뒤 일상으로 돌아갔다.

돌아보면 하나님께서 준비하신 은혜이고 축복이었다. 회사에서 해고되지 않은 게 문제가 아니었다. 하나님께 잊힌 아들로 남아 있지 않게 됐다. 하나님께서는 내게 다른 길을 준비하시고 계셨다.

이종락 목사 부부가 1988년 성탄예배에서 특송을 부르고 있다.

"하나님 아버지" 기도 시작하자
갑자기 머리 하얘지더니

"하나님의 구하시는 제사는 상한 심령이라
하나님이여 상하고 통회하는 마음을 주께서 멸시치 아니하시리이다"
시편 51:17

사장에게 하나님을 믿겠다고 약속한 다음 주 월요일 아침 직원 예배가 열렸다. 나는 이전과 다른 모습으로 예배를 드려야 했다. 예배 시간에 다음 주 예배에선 내가 대표기도를 한다는 광고를 들었다. 난감했다.

과장에게 어떻게 기도하냐고 묻자 그는 "그런 건 알려주는 게 아니라 혼자 해야 한다"고 대답했다. 지금은 인터넷이 발달해 검색만 해도 기도문이 나오지만 당시엔 기도를 어떻게 해야 하는지 알려주는 곳을 찾기가 어려웠다.

기도문을 어떻게 써야 할지 몰라 며칠간 발을 동동거리다 대표기도 하루 전에 집에서 두서없이 작성했다. 월요일 아침에 대표기도를 하러 앞으로 나갔다. 손을 부들부들 떨며 안주머니에서 종이를 꺼냈다.

"하나님 아버지"라고 기도를 시작했는데 갑자기 종이가 하얗게 변했다. 글이 눈에 들어오지 않았다. 머리도 하얘졌다. 갑자기 눈물이 났다. 기도문을 읽지 못하는 내가 순간적으로 창피했다. 그냥 눈물만 흘리고 서 있었다.

얼마나 지났을까. 한참 울고 있는데 앞에서 과장이 "이종락씨, 그냥 '예수 그리스도의 이름으로 기도합니다' 하고 내려와"라고 말했다. 나는 그 소리를 듣지 못하고 서 있기만 했다.

부장이 나와 나 대신 "예수 그리스도의 이름으로 기도합니다"라고 기도한 뒤에 같이 내려왔다. 기도는 내가 시작했는데 마무리는 부장이 한 것이다.

'아, 이마저도 망쳤구나.' 점심시간까지도 고개를 들지 못했다. 나는 식당 구석 자리에 앉아 동료들의 눈에 띄지 않게 조용히 식사하고 있었다. 그때 나를 발견한 한 동료가 다가와 "이종락씨, 정말 은혜 많이 받았어. 나도 같이 울었어"라고 말했다.

'무슨 소리지. 나를 놀리나.' 지금은 직장 동료가 내 기도에 함께 눈물을 흘린 일을 이해할 수 있지만, 당시엔 창피해하는 나를 놀리는 줄로 알았다.

그날 '이제부터라도 교회에 나가 열심히 신앙생활을 하겠다'고 다짐했다. 퇴근 후 아내에게 이야기했다. "여보, 교회에 다니려 하는데 당신도 함께 갑시다. 예수님 믿고 가족들을 위해 열심히 살면서 실망시키지 않을게요."

아내가 놀라며 입을 뗐다. "어쩐 일이래요. 당신이 뭐라고 할까 봐 얘기를 못 했는데, 3개월 전부터 몰래 교회에 나가고 있었어요. 당신이 예수님을 믿고 술과 담배를 끊고 성실하게 직장 생활을 하게 해 달라고 기도하고 있었어요."

우연이었을까, 아니면 아내의 기도가 응답된 것일까. 난 눈물이 없는 사내였다. 아내 앞에서는 울지 않았지만, 그날 이상하리만큼 마음이 뭉클하고 속으로 눈물이 났다.

아내와 함께 교회에 출석하기 시작했다. 새벽 예배도 아내 손을 잡고 다녔다. 하나님은 나를 당신의 길로 이끌고 계셨다. 사장과 아내의 기도처럼.

고려신학교 2학년에 재학 중이던 이종락 목사(오른쪽 네 번째)가 1997년 12월 수련회 조별모임에서 조원들과 다과를 나누고 있다.

"좋아하는 거 버려라"
주님 말씀에 술·담배 모두 끊어

"그런즉 누구든지 그리스도 안에 있으면 새로운 피조물이라
이전 것은 지나갔으니 보라 새 것이 되었도다"
고린도후서 5:17

아내의 손을 꼭 잡고 교회에 처음 갔다. 교회를 향해 걸어가는 내 모습이 대로변 상가의 유리창에 비쳤다. 내가 아닌 새로운 사람이 걸어가는 것처럼 보였다. 그날 설교 제목은 '회개하라 천국이 가까이 왔느니라'였다. 말씀이 내 양심을 찔렀다. 마치 내 속에 있는 죄를 하나하나 뽑아 주는 것처럼 부끄러웠다. 현장에서 간음하다 잡힌 여인처럼 눈물을 흘리며 하나님의 긍휼만을 구했다.

회개 기도를 한 후 눈을 뜨니 십자가에서 빛이 환하게 비추고 있었다. 아내에게 "십자가에서 빛이 나온다"고 말했다. 아내는 "십자가 뒤에 있는 간접조명"이라 했다.

그러나 내가 본 빛은 간접조명이 아니었다. "다시 한번 봐요. 십자가에

서 환한 빛이 우리를 비추는 거 안 보여요?" 그렇게 환하게 비추던 십자가를 두 번 다시 보지 못했다.

우리 부부는 교회의 새신자로 등록했다. 새신자 교육이 끝난 후 남전도회의 초대를 받았다. 많은 집사가 환영해 줬는데 그들 중 한두 명은 내 과거를 아는 사람이었다. 얼마나 사고를 많이 쳤으면 여기까지 소문이 났을까?

순간 창피하고 부끄러웠지만, 그는 "이종락 형제님, 제가 당신을 압니다. 앞으로 신앙생활 같이 잘합시다"라고 말하며 반갑게 맞아 줬다. 그는 교회 생활에 잘 적응할 수 있도록 좋은 친구가 돼 줬다.

교회는 집보다 좋은 안식처가 됐다. 예배를 기다리고 사모하는 마음이 남달랐다. 한 달에 한 번씩 남전도회원들과 기도원에 갔다. 기도원에서 예배를 마친 뒤 산에 올라가 각자 흩어져 기도하는 시간을 가졌다. 정기적으로 기도원 예배를 드리면서 조금씩 기도의 줄이 잡히기 시작했다.

가랑비가 내리던 어느 날, 어김없이 기도원을 찾았다. 보통 예배를 마치고 저녁 11시에 산 기도를 시작해 새벽 3시 30분 즈음에 귀가했다. 그날 깊은 기도를 하면서 옷이 비에 젖는 줄도 몰랐다. 기도에 깊이 빠져들어 간 적은 처음이었다.
시간이 지나도 내가 내려오지 않자 다른 집사가 날 찾으러 올라왔다. 내 기도 소리를 듣더니 "언제 방언을 받았나요"라고 물었다. 그 자리에 있던 남전도회 집사들이 손뼉 치며 축하해 줬다.

기쁜 마음으로 집에 도착해 2시간 정도 잔 뒤 출근하기 위해 일어났다. 화단에 물을 주는데 꽃이 너무 아름다워 보였다. 기분이 좋아 찬송가를 흥얼거리는데 갑자기 어떤 음성이 들렸다.

"네가 좋아하는 거 버려라." "내가 좋아하는 거요"라고 되물었지만 아무도 없었다. 하지만 분명히 음성을 들었다. 그때 "내가 좋아하는 게 뭐지"라는 생각부터 들었다. "술과 담배지. 이것 때문에 내 인생이 여기까지 왔어. 당장 끊어야지." 그런 생각이 미치는 즉시 "하나님 아버지, 술 담배 안 하겠습니다. 제발 도와주세요." 하고 기도했다.

당시에도 한 달간 먹을 술과 담배 네 상자가 항상 집에 있었다. 술과 담배를 모두 버렸다. 내일 이것들이 다시 생각날까 두려워 간절히 기도했다. "나를 망친 술과 담배, 다시는 생각도 안 나게 해 주세요."

나는 어려서부터 술과 담배의 노예였다. 이것들을 끊으려 수없이 노력했지만, 매번 실패했다. 그날 이후 무슨 이유인지 모르지만, 술 냄새만 맡아도 구역질이 났다. 다른 사람이 피우는 담배 연기가 스치기만 해도 머리가 아팠다. 몸에서 거부반응을 보이니 순식간에 끊을 수 있었다. 사회생활에서 술이 아닌 콜라를 마시는 게 일상이 됐다. 어느 순간부터는 은혜의 빛이 내 삶을 이끌었다. 나 홀로 걸어가는 삶이 아니었다.

이종락 목사가 1994년 교회학교 수련회에 참석해 한 초등학생을 끌어안고 기도하고 있다.

백혈병 걸린 아이 위해 기도…
기적처럼 회복되는 체험

"너는 내게 부르짖으라 내가 네게 응답하겠고
네가 알지 못하는 크고 은밀한 일을 네게 보이리라"

예레미야 33:3

교회 담임목사가 미국으로 부흥집회를 가셨을 때 신학대 총장이 보름간 요한복음 강해를 하셨다. 하나님이 천하보다 나를 사랑하시는 것을 깊이 느꼈고 예배 시간이면 가슴이 견딜 수 없이 뜨거워졌다.

"하나님, 감사합니다. 하나님, 감사합니다." 예배가 끝날 때까지 계속 중얼거렸다. 견딜 수 없는 뜨거움이 가슴을 달궜고 3개월 동안 식지 않고 연단되는 것 같았다.

교회에서 다른 목회자의 부흥회가 열렸다. 그분도 요한복음을 통해 하나님 사랑과 십자가의 긍휼, 부활의 소망을 전했다. 그 기간 교회에 회개의 역사가 일어났다. 나 역시 회개하며 말로 형용하지 못할 큰 은혜를 받았다. 내가 느끼기에도 거듭난 사람으로 새로워지고 있었다. 표정이 이전보다 환해졌다.

새벽 예배도 드렸다. 300여 명이 모이는 교회였지만, 새벽 예배에는 늘 서너 명만 참석했다. 은혜를 받다 보니 불같이 기도했다. 보수적인 교회여서 한 성도가 조용히 기도해 달라고 요청했지만, 기도하다 보면 절제가 안 됐다. 그분이 다시 조용히 기도해 달라고 말하자 예레미야 33장 3절 말씀을 언급하며 "부르짖어 기도하라고 하지 않았나"라고 말했다. 그분은 난감한 듯 "거, 참" 하며 물러났다. 이후 다른 사람의 눈치를 보지 않고 소신껏 부르짖으며 기도했다.

며칠 지나니 옆자리 사람들도 똑같이 부르짖으며 기도했다. 새벽 예배에 오는 성도들이 늘어나기 시작했다. 3개월이 지나자 예배당이 꽉 차 있는 게 아닌가. 기도 부흥이 일어난 것이다. 이듬해에는 본당에서 새벽 예배를 드릴 정도로 인산인해를 이뤘다.

그 무렵 나는 둘째 자녀를 허락해 달라는 기도를 2년간 드리고 있었다. 기도하던 어느 날 얼굴이 하얀 아이와 얼굴에 깊은 수심이 있는 어머니가 금요 철야예배에 참석했다. 아이는 백혈병을 앓고 있었다. 어머니는 간절한 마음에 아이를 안고 교회 앞자리로 왔다.

모녀를 보자 둘째 자녀를 허락해 달라는 기도보다 백혈병에 걸린 아이를 위한 기도가 나왔다. "하나님, 사람의 힘으로 능으로도 안 됩니다. 하나님께서 하실 수 있잖아요. 치료해 주세요."

아이를 위해 3개월 동안 기도한 시점에 나도 모르게 하나님께서 치료하신다는 확신이 들었다. 하지만 정작 내가 믿지 못해 아이의 어머니에게 바로 얘기하지 못했다. 마음에 응답이 계속 와서 어머니에게 "하나님께서 수연이를 치료해 주셨답니다"라고 이야기했다. 어머니는 나를 보고 이상한 사람을 본 듯 멋쩍은 미소만 지었다.

'괜한 말을 했나. 나 때문에 엄마와 아이가 교회에 안 나오는 거 아니야?' 얼마 뒤 교회에 나온 아이를 보고 깜짝 놀랐다. 이전에 봤던 아이의 모습이 아니었다. 얼굴이 꽃처럼 활짝 피었고 살이 붙어 건강한 모습이었다. "그럼 그렇지. 하나님께서 치료해 주신다고 했지. 하나님 감사합니다."

아픈 사람들을 위해 기도하면 하나님의 은혜로 기적처럼 회복되는 체험을 하면서도 두려움이 있었다. "하나님, 오로지 하나님께서 하신 겁니다. 부족한 저를 통해 기도할 수 있게 해 주셔서 감사합니다. 교만하지 않게 해 주세요." 교만이라는 두려움이 생길 때마다 그 자리에서 무릎 꿇고 기도했다.

기도의 응답으로 1987년 7월 병원에서 둘째 아들이 태어났다. 준비도 계획도 없던 주사랑공동체교회의 생명 사역은 둘째 아들의 출산으로 시작됐다.

정병옥 사모(왼쪽)가 1987년 운영하던 채소·과일 가게에서 둘째 아들 은만이를 안고 첫째 딸 지영이와 포즈를 취했다.

혹 달고 태어난 둘째…
15분간 호흡이 끊겨

"예수께서 들으시고 가라사대
이 병은 죽을 병이 아니라 하나님의 영광을 위함이요
하나님의 아들로 이를 인하여 영광을 얻게 하려 함이라 하시니라"
요한복음 11:4

1987년 7월 병원에서 둘째 은만이가 태어났다. 의사는 출산 전에 "아이가 거꾸로 있고 상태도 좋지 않은 것 같다"고 말했다. 청천벽력 같은 소식이었다. 아내가 제왕절개수술을 하는 동안 기도할 수밖에 없었다.

둘째를 보고 의사는 "이놈 봐라. 복을 달고 나왔네"라고 했다. 아이의 얼굴을 보니 큰 혹이 있었다. 흡사 얼굴이 두 개 같았다. 그 모습에 나는 "하나님, 기왕 아이를 주시려면 건강한 아이로 주시지. 왜 장애 아이를 주셨습니까"라고 원망했다.

순간 하나님께서 책망하는 소리가 들렸다. '그러면 그렇지. 항상 기뻐하고 쉬지 말고 기도하라 범사에 기도하라고 말하지 않았느냐.'

나는 병원 기둥을 붙잡고 회개 기도를 했다. "죄송합니다. 주님을 섬기듯 저 아이를 잘 돌보겠습니다."

아내가 충격받을까 염려해 한 달간 아이에 관한 이야기를 하지 않았다. 아내에게 아이를 데려가자 끌어안고 얼굴에 뽀뽀하며 더 사랑해 줬다. 아내는 나보다 더 성숙한 믿음의 사람이었다. 아내도 하나님께 나와 같은 기도를 드렸다.

악성 종양을 갖고 태어난 은만이는 생후 4개월 만에 바이러스가 뇌에 전이됐다. 하루는 열이 41.9도까지 올랐고 그로 인해 시력과 고막에 문제가 생겼다. 119 구급차를 불렀는데 병원에 도착하기도 전에 은만이의 호흡이 끊어졌다. 의사들이 심폐소생술을 시도했지만, 가망이 없었다.

"하나님, 살려주세요. 하나님이 주신 아이인데 이러려면 왜 주셨나요. 하나님이 책임지고 살려주세요." 나는 탄식하며 기도했다. 의사는 포기하라고 했지만, 한 가닥 희망의 끈을 놓지 않고 심폐 소생을 계속 요청했다. 그리고 엎드려 다시 기도했다.

내 모습이 불쌍해 보였는지 의사가 심폐소생술을 마지막으로 한번 더 시도했다. 호흡이 끊어진 지 15분이 넘었는데 심장이 다시 뛰기 시작했다. 은만이는 기적적으로 살아났다.

의사가 말했다. "의학적으로 도저히 설명이 안 됩니다. 살아난 게 기적입니다. 하지만 이건 아셔야 합니다. 뇌에 장시간 산소가 전달되지 않아 기능이 어렵습니다. 얘는 전신 마비라 아무것도 못 할 겁니다."

우리 부부는 '하나님께서 살리셨으니 하나님께서 이끄실 것을 믿습니다'라고 감사 기도를 드렸다. 침대에서 기도하며 은만이를 보니 주님이 침대에서 은만이를 품고 있는 환상이 보였다. 은만이가 절대 죽지 않겠다는 생각이 들며 마음이 놓였다.

은만이는 7개월 넘게 중환자실에 있었다. 누군가 옆에 붙어 있어야 했다. 큰딸 지영이는 너무 어려서 어디에 맡길 상황이 아니었다. 자꾸 불어나는 병원비를 대다 보니 전세 보증금까지 까먹었다. 갈 곳이 없었다. 우리 세 식구는 은만이가 누워 있는 침대 밑에서 근근이 생활했다.

이런 절망적인 상황에서도 광야의 기적처럼 감사와 기쁨이 흘렀다. 병원에서 은만이처럼 아픈 아이들이 눈에 띄었다. 아픈 아이들을 위해 기도하는 내 모습을 발견했다.

1987년 12월 25일 은만이와 같은 5인실에서 생활하는 아이들이 케이크의 촛불을 불며 크리스마스를 축하하고 있다. 왼쪽 세 번째가 가와사키병을 앓다 회복한 아이, 오른쪽 침대에 누워있는 아이가 은만.

기도로 병 나았단 소문에
다른 병실까지 불려 다녀

"베드로가 이르되 은과 금은 내게 없거니와 내게 있는 이것을 네게 주노니 나사렛 예수 그리스도의 이름으로 일어나 걸으라 하고"

사도행전 3:6

중환자실에 전신 마비로 누워 있던 은만이는 죽음의 문턱을 간신히 넘고 1년 만에 일반 5인 병실로 옮겨졌다. 주님의 은혜였다. 그곳에는 은만이처럼 오랫동안 입원한 아이와 부모들이 있었다. 한눈에 봐도 쉬운 상황이 아니었다.

나는 매일 밤 8시면 어김없이 은만이와 가족을 위해 기도했다. 이 모습을 본 옆 침대의 아주머니가 어느 날 내게 물었다. "아저씨, 우리 아이를 위해서도 기도해 주시면 안 되겠습니까."

아주머니의 아들은 당시 급성열성혈관염인 가와사키병에 걸려 죽음을 기다리는 상황이었다. 아주머니께 "예수 믿습니까"라고 물었다. "옛날에 믿었습니다." "그러면 함께 기도하시죠." 그리고 같이 기도했다. "하나님, 이 아이를 치료해 주시고 회복시켜 주세요. 주님의 은혜로 아주머님과 가족 모두 다시 예수님을 믿게 해 주세요. 낫게 해 주세요." 기도하는데 마음에 평안함이 들었다.

기도를 마친 아주머니는 울먹이며 내게 감사를 표했다. 나는 "아주머님의 기도도 하나님께서 허락하셔야 할 수 있는 겁니다. 같이 기도하게 하신 하나님께만 감사하시면 됩니다. 기도할 때마다 이 아이를 위해 기도하겠습니다."라고 말했다.

며칠 뒤 그 아이의 정밀검사가 진행됐다. 얼굴이 환해진 아주머니가 아이와 함께 병실로 돌아왔다. "아저씨, 가와사키병이 없어졌대요. 몇 번이고 다시 검사했는데도 말이죠."

내가 더 놀랐다. 착오가 있을까 봐 다른 곳도 정밀검사를 했지만, 아이는 일주일 뒤 퇴원했다. 소문이 돌았다. 다른 아이의 부모도 기도를 부탁했다. 다른 병실까지 불려 다니며 기도를 요청받았다. 심히 두려웠다. 내 아들도 저렇게 누워 있는데, 내가 무슨 대단한 사람이라고 기도를 요청하는지…. 그러나 지푸라기라도 잡으려는 부모의 마음이 내 마음이었다.

두렵고 떨리는 마음으로 전했다. "제가 하는 일이 아닙니다. 예수님께서 하시는 일이니 예수님을 믿으셔야 합니다." 작은 병실에 모여 같이 예배를 드리기 시작했다. 부모들은 아이가 낫길 바라는 마음으로 찾아왔고, 어느덧 5인실에 50명 이상이 모였다.

결국 한 간호사에게서 "기독교병원도 아닌데 병실에서 왜 이러느냐"는 이야기를 들었다. 사정을 말하고 예배 장소를 알아봐 달라고 부탁하니 로비에서 예배를 드릴 수 있게 해 줬다.

예배에선 종종 회개의 역사가 일어났다. 모든 아이는 아니었지만, 함께 기도하던 많은 아이가 건강해져 퇴원하는 기적이 생겼다. 암으로 병원에 왔던 한 아이는 예배를 드리고 며칠 뒤 깨끗이 나아 퇴원했다. 나역시 직접 보지 않았다면 믿지 못했을 것이다. 성경에서나 봤던 기적들을 경험할 줄이야.

내게도 기적들이 생겼다. 당시 우리 가족은 더 나빠질 수 없을 만큼 경제 상황이 안 좋아 병원비 독촉까지 받았다. 그런데 퇴원하는 분들이 종종 우리의 병원비를 대납해 줬다. 기도회에 참석한 이들 중에 생활비를 주는 분도 있었다.

나는 아무것도 요구하거나 바라지 않고 예수님만을 전하며 기도했는데 하나님은 내게 이런 것들까지 허락해 주셨다. 한 치 앞도 예상할 수 없었지만, 누가 우리 삶을 이끄시는지는 분명히 아는 날들이었다.

2010년 8월 이종락 목사가 자택에서 아들 은만이를 간호하고 있다.

다른 아이들 치유하시는 하나님, 왜 우리 은만이만…

*"주의 증거들로 내가 영원히 나의 기업을 삼았사오니
이는 내 마음의 즐거움이 됨이니이다"*
시편 119:111

은만이는 퇴원과 입원을 반복했다. 다행히 중증장애인 지원 제도가 생겨 낮에 몇 시간은 내게도 개인 시간이 주어졌다. 그 시간이면 전도하러 전철역으로 나갔다. 말씀을 전하는 게 좋았고 하나님께 필사적으로 매달리고 싶은 마음도 있었다.

은만이가 다시 입원했다. 폐가 쪼그라든 상태였는데 수술해야 한다고 했다. 힘든 상황이 겹쳐 전신마취를 하면 숨질 확률이 높다고 했다. 오죽했으면 의사가 기적을 위해 기도하라고 했을까.

한 금식기도원에서 아들을 위해 기도하는데 이상하게 은만이 옆자리의 뇌암으로 입원한 아이를 위한 기도만 나왔다. 하루 이틀이 지나도 그 아이의 기도만 나왔다. 나는 은만이를 하나님께 맡기고 그 아이를 위해 계속 기도했다.

일주일 뒤 병원 승강기에서 그 아이와 엄마를 만났는데 퇴원하는 길이라 했다. 엄마가 감사 인사를 했다. "아저씨, 너무 감사해요. 우리 아이가 수술하려고 MRI를 찍었는데 뇌암이 없어졌어요." 그 소리를 듣고 오히려 내가 전율했다. "하나님께서 치료하셨구나!" 그리고 그 가정을 위해 복음을 전하며 축복 기도했다.

은만이도 며칠 뒤 수술했다. 전신마취하면 깨어나지 못할 가능성이 크다고 했지만, 마음은 이상하게도 평안했다. 하나님께서 은만이를 지키신다는 확신이 들었다. 수술을 마친 의사가 기적이라며 "하나님이 하신 일 같다"고 말했다. 수술은 잘 진행됐고 은만이도 의식을 찾았다. 하루는 한 아이가 앞이 안 보인다고 옆 병실에 입원했다. 시신경이 손상된 상태라 했다. 그 아이의 할아버지가 "아저씨, 우리 외손녀를 위해 기도해 주세요"라고 부탁했다.
할아버지께 "예수님 믿습니까"라고 물었더니 "한때 교회에 다니다 말았다"고 답했다. 하나님이 이 할아버지를 부르시는 걸 느꼈다. "할아버지, 집안 식구들이 예수님을 믿고 한마음으로 기도하면 외손녀가 치료받습니다." 나도 모르게 단정적인 말이 튀어나왔다.

"큰일 났습니다. 하나님. 치료해 주시지 않으면 저와 하나님 망신입니다. 부디 치료해 주세요." 간절히 기도했다. 할아버지는 이튿날 처제에 사돈 동생까지 여덟 명의 식구를 데려왔다. 너무 놀랐지만, 이들에게 복음을 전했다.
"아이가 나으려면 새벽기도, 수요예배, 금요철야, 주일예배, 주일 찬양예배에 모두 참석해야 합니다." 그러나 나도 확신을 갖고 이 말을 한 것은 아니었다. 사실 나도 피해갈 구멍을 만들어 놓은 셈이다. 그런데 할아버지는 "우리 손녀가 치료된다면 무엇이든 못하겠느냐"며 이튿날부터 가족들과 모든 예배에 참석했다. 이제는 숨을 구멍도 없어졌다. 막다른 길목에서 정말 간절히 기도했다. 의사도 어렵다고 한 아이였다. 아이는 2주 후 빛을 보기 시작했고 3주 후 얼굴을 마주하고 대화할 정도로 호전됐다. 치료가 된 것이다. 그때 나는 절실히 알았다. 하나님께서 할아버지 가정을 구원하기 위해 내게 간절한 마음으로 기도를 시키신 것이다.

계속되는 기적들을 보며 내가 더 놀랐다. 한편으로는 다른 아이들을 치유하시는 하나님께서 왜 우리 은만이는 이렇게 두시는지 답답한 마음도 있었다. 하루는 기도하며 하나님께 투정을 부렸다. 기도 중에 다른 사람들을 향해 눈물을 흘리는 주님의 모습이 환상처럼 보였다. "아니, 주님! 왜 내 기도는 듣지 않으시고 저들을 보며 우시기만 합니까?" 그분의 음성이 들리는 듯했다. '얘야, 너는 나를 알지만 저들은 나를 알지 못한다.' 그때부터 복음을 전하지 않으면 안 되겠다는 절박한 마음이 들었다.

나를 인도하시는 주님께서 이렇게 두신 이유가 있으시다면, 바울처럼 내게도 그 은혜가 족하겠다 싶었다. 그날 이후로 은만이의 회복을 위해 기도하는 것보다, 우리 삶을 인도하실 하나님을 온전히 의지하고 주어진 길을 담대히 걸어갈 수 있도록 기도했다. 우리 가족은 어둠 속에 있는 것처럼 보였지만 빛이 있었다. 버려진 듯 보였지만 혼자가 아니었다.
하나님께서는 우리가 환난을 당할 때 고아와 같이 버려두지 아니하신다.

2009년 2월 이종락 목사의 수양딸인 상희(가운데)의 초등학교 졸업식에 정병옥 사모(오른쪽)가 함께했다.

내 손녀 맡아주면
당신이 믿는 예수님 믿겠다

"그들에게 이르시되 누구든지 내 이름으로 이런 어린 아이를 영접하면
곧 나를 영접함이요 또 누구든지 나를 영접하면 곧 나를 보내신 이를 영접함이라
너희 모든 사람 중에 가장 작은 그가 큰 자니라"

누가복음 9:48

7살 상희는 의료 사고로 평생 누워 지내야 하는 아이였다. 아이의 친부모는 정신지체 2급으로 가출해서 소식이 끊어진 지 오래다. 83세 외할머니가 손녀를 돌보셨는데 병원에서 어느 날 나를 부르셨다. 은만이를 돌보는 모습을 사흘간 유심히 지켜보다 말하는 것이라며 애원하셨다. "나는 늙었는데 우리 상희를 돌볼 사람이 없어 걱정에 잠을 이룰 수가 없어요. 아저씨가 손녀를 잘 키워 줬으면 해요."

속으로 '이상한 할머니네. 우리 은만이 돌보기도 어려운데…. 양심이 없는 사람인가'라는 생각이 들었다. 아무것도 없는 내게 은만이처럼 누워 있는 아이를 한 명 더 돌보는 것은 상상조차 할 수 없는 일이었다.

거절하려 하는데 할머니가 대뜸 "제 손녀를 돌봐 주면 당신이 믿는 예

수님을 믿겠다"고 말했다. 그 말을 듣자 거절할 수 없었다. '내가 손녀를 돌보지 않아 할머니가 예수님을 안 믿으면 엄청난 책망을 받겠구나.' 나는 그 자리에서 "할머니, 제가 손녀를 돌봐 주겠습니다"라고 말해 버렸다.

그날 이후 나는 할머니에게 틈틈이 복음을 전했다. 하지만 아내에게는 차마 말할 수 없었다. 2개월간 기도하고 아내와 함께 새벽기도를 다녀오던 날 아침, 아내에게 상희 할머니의 이야기를 털어놨다. 아내는 내 이야기를 듣더니 걸음을 멈췄다. 속으로 '아! 이거 큰일 났구나. 자기와 상의도 없이 그런 사고를 쳤다고 화를 내겠구나!' 그러더니 아내는 생각도 못 한 말을 했다. "하나님이 하라고 하시면 해야죠."

'내가 아내를 너무 몰랐구나.' 뭉클함에 아내를 꼭 안아 줬다. 얼마 뒤 은만이와 상희가 퇴원해 우리 집에 왔다. 당시 우리 집은 시장 구석에 있는 단칸방이었지만 사람의 온기가 가득했다. 가끔 우리 집에 놀러 오던 상희 할머니는 얼마 지나지 않아 주님의 품에 안겼다.

새 식구를 들여 지출이 더 늘어난 상황이었지만, 경제 상황이 좋아질 계기는 없었다. 그러나 하나님은 사람의 생각과 다른 길로 인도하셨다. 어느 날 나를 전도한 전 직장 사장이 어렵게 사는 나를 찾아 손에 돈을 쥐여줬다. 하나님께로 인도해 주신 것으로도 충분한 은혜를 받았는데 다섯 식구가 살 수 있도록 한 것이다.

나는 그 돈으로 서울 사당동 산꼭대기에 작은 사글셋방을 얻어 액세

서리 가게를 운영했다. 그 일도 못 하게 됐을 때 지인이 중고 승합차를 살 수 있도록 도와줬다. 그 차로 배달 일을 하며 주말에는 교회 차량 봉사도 했다.

그런데 배달 일이 끊겨 차를 놀려야 했다. 이번에는 다른 지인이 1년간 차를 빌려 쓰며 이용료를 줬다. 그동안 자판기 설치를 병행하다 보니 아이들에게 들어가는 병원비 부담이 다소 줄었다. 그 무렵 우연히 우산·양산 사업을 하는 동네 사장을 만나 우산과 양산 파는 사업을 시작했다. 서울과 경기도 일대를 누빌 정도로 사업이 번창했다. 덕분에 아이들의 병원비를 감당할 수 있었다.

상희로 하여금 나는 아내가 어떤 사람인지 다시 알게 됐고, 상희의 할머니는 주님의 자녀로 돌아갈 수 있었다. 상황은 어려워 보였지만, 도움의 손길을 내민 지인들 덕분에 사람의 따스함을 느꼈다. 무엇보다 상희 덕분에 내가 생각해 보지 않은, 뜻하지 않은 삶이 펼쳐지기 시작했다.

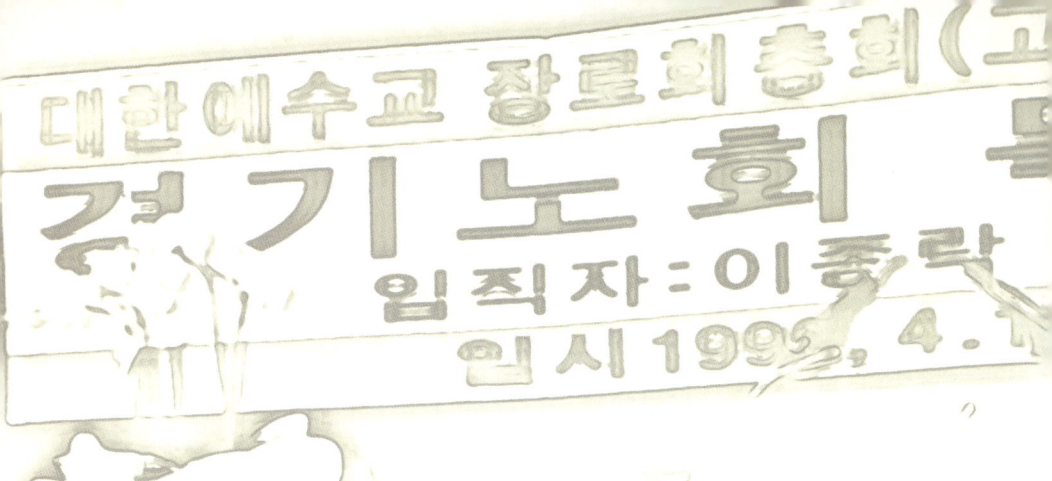

이종락 목사가 1999년 4월 대한예수교장로회 고려개혁 총회 경기노회에서 목사안수를 받은 뒤 소감을 말하고 있다.

목회자의 길 걸으며
6명 장애인 아동의 아빠가 되다

"밤에 환상이 바울에게 보이니 마게도냐 사람 하나가 서서
그에게 청하여 이르되 마게도냐로 건너와서 우리를 도우라 하거늘"
사도행전 16:9

뇌성마비를 앓는 상희가 우리 집에 오면서 돌봐야 하는 아이가 둘이나 됐다. 사업으로 바쁜 나를 대신해 아내가 아이들을 돌봤다. 당시 중학생이던 큰딸 지영이도 엄마를 도와 동생들을 잘 돌봐 줬다.

어느 순간부터 지인들이 목회를 권유하기 시작했다. 그때마다 웃어넘겼다. '주님, 제 분수를 압니다. 주의 종이 되는 것이 주님이 원하시는 것입니까.'

몇 개월간 기도했음에도 응답은 없었다. '피할 수 없는 응답이 오지 않으면 목사가 되지 않겠다. 지금처럼 일하며 복음을 전하겠다'고 마음먹었다.

1년쯤 지난 어느 날, 비몽사몽 기도 중에 환상을 봤다. 하늘이 열리고 흰옷 입는 사람들이 나에게 안수하며 "주의 길을 가라"고 말했다. 나는 "아멘"으로 응답했다. 내 앞에 돌로 만든 아름다운 성이 보였는데 갑자기 갈라지며 와르르 무너졌다. '세상의 부와 영광, 권세는 아무것도 아니구나. 한순간에 무너지는구나' 하는 생각이 들었다.

아내는 내가 목회자의 길을 가면 망설임 없이 뒷바라지하겠다고 했다. 신학교에 등록하고 주경야독했다. 사업을 그만둬 수입이 없는 상황이었다. 아내가 운영하는 분식집 수입으로 큰딸 지영이와 은만이, 상희를 돌보며 살아야 하니 그저 하나님만 의지할 뿐이었다.

상희는 우리 집에 온 지 2개월이 지나면서 상태가 조금씩 호전됐다. 목도 제대로 가누지 못했는데 거짓말처럼 목을 혼자 세우고 "아빠 엄마"라고 말하며 움직였다. 병원에서 정기검진을 받는데 상희의 상태를 본 의사가 깜짝 놀라며 말했다. "어떻게 하신 거예요. 병원에서는 전혀 치료가 안 됐는데요."

나는 손가락을 위로 가리키며 "저분(하나님)이 하신 거죠"라고 답했다. 의사는 놀랍다는 표정을 지었다. 진료시간이 끝난 후 의사가 나와 아내를 따로 불렀다. "병원에 장애 등의 문제가 있는 어린아이 4명이 있는데 부모가 잠적해 오랫동안 연락이 안 되네요. 목사님이 이 아이들을 거둬 주셨으면 좋겠어요. 병원에서 정기적으로 치료를 해 주겠습니다." 기가 막혔다. 아내의 대답은 더 기가 막혔다. 아내는 이야기를 듣는 동안 고개를 끄덕거리더니 그렇게 하겠다고 했다. 아내가 하겠다고 해

별말 없이 돌아왔지만, 이런 상황이 펼쳐지리라곤 꿈에도 상상하지 못했다. 가장인 내가 특별한 수입도 없이 아내의 등골이나 빼먹는 것도 부끄러웠다. 하지만, 그럴수록 하나님께서 해결해 주실 것을 믿고 기도했다.

보름 뒤 4명의 아이가 우리 집에 왔다. 하나님은 우리 부부에게 아이들을 지극히 사랑하는 마음을 주셨다. 누워 있는 아이들이지만 정말 예뻤고 아이들만 보면 행복했다.

아이들이 보고 싶어 신학 공부를 마치면 한걸음에 집으로 돌아왔다. 아이들의 미소에 우리 부부는 피곤함을 이겨낼 수 있었다. 병원도 아닌 좁은 방에 누워 있는 6명의 장애 아이들을 돌보는 것은 인간의 생각으로는 할 수 없는 일이었다. 하나님께서 아이들을 사랑하는 마음을 넘치도록 주셨다. 오로지 하나님께서 그의 방법으로 아이들을 돌보게 하셨다.

나는 그렇게 목회자의 길을 걷게 됐다. 나 같은 사람도 하나님의 은혜로 목회자가 될 수 있다니 감사했다. 인생의 길은 하나님께서 예비하시고 정하신 데로 가게 되어 있다.

2009년 9월 서울 관악구 난곡동 자택에서 아이들과 생일 파티를 하며 기도하고 있다.

노아의 방주처럼⋯
산꼭대기 집으로 옮겨놓으신 주님

"하나님은 나의 견고한 요새시며 나를 안전한 곳으로 인도하시며"
사무엘하 22:33

나와 아내, 첫째 딸, 아들 은만이, 옆 병동 할머니가 맡기신 상희, 그리고 병원에서 온 4명의 장애 아이들⋯. 이제는 떨어지려야 떨어질 수 없는 우리 부부의 자녀이자 하나님의 자녀가 됐다. 주님의 은혜로 오랜 시간 광야를 걸었지만, 이스라엘 백성을 먹이신 하나님은 우리도 먹이셨다. 하나님의 일하심을 보고 듣는 체험을 통해 철저하게 하나님께서 하신 것을 깊이 깨닫게 하셨다. 하나님의 일은 하나님이 하셨다.

물질이 부족해 가난한 생활을 이어갔지만, 크게 불편한 적은 없었다. 아이들을 굶긴 적은 하루 한 끼도 없었다. 하루하루가 감사했다. 내일도 그다음 날도 감사할 수 있으리라.

하나님은 우리 집에 꾸준히 필요한 것을 공급해 주셨다. 생명이 위험

아가야, 어서 와. 많이 힘들었지?

한 아이들, 수술이 몇 차례 필요한 아이들이 있었지만 모두 수술을 시켰고 생명을 건질 수 있었다. 수술하지 못해 세상을 떠난 아이는 한 명도 없었다.

하루는 술 취한 집주인이 소동을 부리며 갑자기 방을 빼 달라고 했다. '무슨 돈이 있어 방을 구하겠는가. 지하 방에서 아홉 명의 식구가 생활하는데…' 난감했다. 주인은 며칠간 동네 사람들에게 거짓말과 비방, 욕설을 하며 우리를 힘들게 하고 다시 우리를 찾아와 더 심한 난동을 부렸다. 방을 얻고 이사를 하려면 최소한의 시간이 필요했다. 하지만, 주인은 무조건 빨리 방을 빼라면서 보증금도 안 주고 우리를 내쫓았다.

더 있을 수 없었다. 할 수 없이 며칠 만에 여기저기서 꾼 돈으로 서울 난곡동 달동네로 이사했다. 아내는 분식집도 그만뒀다. '왜 이런 일이 우리에게 생겼을까.' 마음이 무척 상했다.

월요일에 이사해야 하는데 주일 오후부터 폭우가 쏟아졌다. 폭우를 맞으며 이사한 달동네 집은 바닥에서 습기가 올라오고 위에서는 비가 새는 곰팡이 투성이의 집이었다. '주님, 제게 왜 이러십니까.' 한탄이라도 하고 싶었다.

이튿날 아침, 라디오를 듣던 중 깜짝 놀랐다. 전날 폭우로 인해 둑이 터져 이사하기 전 동네가 순식간에 물에 잠겼다는 뉴스가 나왔다. 전에 살던 집에 갔더니 1층까지 완전히 잠겨 있었다. 전신 마비였던 아이들과 그곳에 있었다면 갑자기 불어나는 물에 어떻게 됐을까. 아마 모두

이 세상 사람은 아니었을 것이다. 사람의 성격은 잘 변하지 않는다. 하나님께서는 철옹성과 같은 내 고집을 꺾으시고 우리를 살리셨다.

하나님께서 노아의 방주처럼 우리를 달랑 들어 산꼭대기 집으로 옮겨 놓으신 것이다. 전율이 느껴졌다. 달동네로 이사한 상황이 감사했다. 아내와 울면서 하나님께 감사 기도를 드렸다.

"주님, 우리 부부와 아이들을 죽음에서 피할 수 있도록 안전한 곳으로 옮겨 주셔서 감사드립니다. 저희 앞길을 주님께만 의지합니다."

얼마 뒤 처음 신앙생활을 할 때 교제하다 연락이 끊긴 지인들로부터 연락이 왔다. 선교헌금이 남았는데 어디에 사용해야 할지 몰라 기도하던 중 우리 소식을 들었다고 했다. 그분들이 보내 주신 돈으로 집을 보수하고 아이들을 먹이며 입힐 수 있었다.

아가야, 어서 와. 많이 힘들었지?

수양아들 주은이가 고등학교에서 받은 표창장을 들어 보이며 환하게 웃고 있다.

벅찬 환경에 1kg도 안 되는
칠삭둥이까지 떠맡아…

"주 여호와는 나의 힘이시라
나의 발을 사슴과 같게 하사 나를 나의 높은 곳으로 다니게 하시리로다"
하박국 3:19

이사한 집은 아주 낡았다. 쥐가 많아 아침에 일어나면 이불 위로 쥐가 뛰어다닐 정도였다. 개미도 많았다. 움직이지 못하는 아이들에겐 개미가 고역이었다. 아이들의 땀이 고이는 곳에 개미들이 떼로 몰려와 살을 물어뜯는 바람에 욕창도 종종 생겼다. 여기서 오래 살 순 없었다. '주님, 여기서 탈출하게 해 주십시오.' 기도가 절로 나왔다.

달동네에서 장애 아이들을 친자식처럼 키운다는 소문이 나자 봉사자들이 하나둘 생기기 시작했다. 한 사회복지사가 KBS 프로그램 '사랑의 리퀘스트'에 우리 집 사연을 신청했다. 방송에 나오자 많은 분이 적지 않은 비용을 후원해 주셨다. 주변의 많은 분과 친척들의 도움으로 어렵게 집을 구해 서울 난곡13동으로 이사할 수 있었다.

2003년 3월 이사한 집에서 '주사랑공동체의 집' 가정교회를 세웠다. 그해 10월 인근 병원에서 연락이 왔다. 부모들이 권리를 포기해 병원에서 지내는 아이를 데려가 돌봐 줄 수 있느냐고 물었다. 아이가 살 가능성은 희박하다고 했다.

당시 우리는 아이들을 더 받는 건 생각도 하지 않았다. 하지만 아이를 죽게 둘 순 없었다. 간호사에게 연락해 아이를 바로 데려왔다. 아이는 칠삭둥이 다운증후군으로 몸무게가 채 1kg이 안 됐다. 생명의 징후가 약했다. 아이를 데려온 날 밤에 울면서 하나님께 매달렸다. "하나님, 살리려고 보내시지 않으셨습니까. 살려 주십시오."

아이의 차가워진 몸을 따뜻하게 해 주고 산소를 공급해 가며 주사기로 우유를 한 방울씩 먹였다. 생기가 돌았다. 살 수 있겠다는 생각이 들어 119를 불러 대형병원으로 갔다. 의사는 심장에 문제가 있어 수술해야 한다고 했다. 그러나 몸무게가 3kg 이상이 돼야만 수술할 수 있다고 했다.

간절한 심정으로 의사에게 최선을 다해 달라고 간청했다. 아이가 꼭 살았으면 하는 마음이 컸지만, 병원비 뒷감당을 어떻게 하려고 이런 선택을 했을까 하는 생각도 들었다. 그곳에서 며칠을 지내는데 한 월간지 기자가 미숙아 관련 내용을 취재하러 왔다가 대상을 바꿔 나와 아이들을 인터뷰하고 싶다고 했다. 그 기사가 실렸는데 그간의 병원비가 기적같이 충당됐다.

그러나 아이는 여전히 1.8kg밖에 안 돼 수술할 수 없었다. 아이의 딱한 사연이 다른 병원 간호사에게 알려졌다. 서울 동대문의 한 병원 수간호사가 찾아와 자신이 근무하는 병원에서 치료하자고 제안했다. 그 병원에서 잘 돌봐 주신 덕분에 아이는 한 달 만에 3kg를 넘었고 심장병 수술을 무사히 받았다.

거의 8개월을 병원에서 지내다 보니 만만치 않은 병원비가 걱정됐다. 마침 권사였던 병원 과장이 우리를 긍휼히 여겨 병원비를 모두 대납해 줬다. 이후 아이는 건강하게 성장했다. 지금 고등학교 2학년인데 며칠 전에는 학교에서 표창장도 받아 왔다.

이종락 목사가 2001년 병원에서 데려온 한나를 돌보고 있다.

하늘로 보낸 한나를 그리며
아이들 부모 되기로 결심

"아버지께서 내 안에, 내가 아버지 안에 있는 것 같이 저희도 다 하나가 되어 우리 안에 있게 하사 세상으로 아버지께서 나를 보내신 것을 믿게 하옵소서"
요한복음 17:21

2001년 큰 병원의 사회복지사로부터 전화를 받았다. 정말 기구한 사연이었다. 14살짜리 중학생이 복잡한 가정사로 가출해 주유소 숙소에서 여러 남녀와 뒤엉켜 살면서 아빠가 누군지 모른 채 임신해 출산했다. 출산 중 여러 약물을 먹어서 그런지 아이는 무뇌증으로 태어났다. 길어야 5~6개월 밖에 살 수 없는 아이니 세상을 떠날 때까지라도 돌봐 달라고 부탁했다. 축 처진 아이를 안고 데려왔다. 이름을 한나로 지었다.

한나는 우유도 잘 못 먹어 한 번 먹이는 데 거의 2시간이 걸렸다. 우리는 하루 12시간 가까이 아이를 안고 키웠다. 한나는 울기도 많이 울었다. 이렇게 6년간 키웠는데 어느 토요일 아침 한나는 우리 곁을 영영 떠났다.

"한나야, 한나야." 한나를 보내며 대성통곡을 했다. 많이 사랑했고 정이 들어 떠나보내기 힘들었다. 한나를 하늘로 보낸 후 나는 우울증이 생겼다. 가만히 있어도 눈물이 흘렀고, 위로를 얻고자 기도하고 말씀을 봐도 계속 눈물이 흘렀다.

2개월이 흐른 어느 날 운전하는데 한나가 너무 생각났다. 심장이 저릴 정도로 보고 싶은 마음이 간절했다. 눈물이 하염없이 내리는 바람에 운전대를 잡을 수 없어 길가에 차를 세우고 한없이 울었다. 휴지로 눈물을 닦으려 하는데 차의 앞문 유리창에 환한 빛이 비치고 있었다. 목을 앞으로 내밀어 유리창 위로 하늘을 쳐다보자 그렇게 보고 싶던 한나가 주님의 품 안에서 환하게 웃고 있었다. 순간 큰 위로를 받았다. 한나가 참 행복하고 아름답게 보였다.

'제가 너무 욕심을 냈습니다. 죄송합니다. 한나가 주님 품에서 환하게 웃고 있는데…. 이제 한나를 보내겠습니다. 주님 감사합니다.' 이후 우울증에서 헤어나올 수 있었다.

한나는 법적으로 내 딸이 아니었다. 우리는 한나의 아빠와 엄마, 언니와 오빠였는데 법적으로는 남남이었다. 나는 우리와 같이 사는 장애인 아이들을 입양하기로 했다.

입양하기 위해선 가정법원에서 재판을 받아야 했다. 판사는 "왜 많은 장애 아이를 입양하시려는 거죠"라고 물었다. 나는 판사에게 "판사님, 아이들의 부모가 되기 위해 온 자리에서 왜 입양하냐고 물으십니까.

아이들의 좋은 부모가 될 수 있냐고 질문하셔야 하는 거 아닙니까"라고 말했다.

이 말을 들은 판사는 얼굴이 빨개졌고 머쓱하게 나를 쳐다봤다. 3개월 후 나는 법적으로도 아이들의 아빠가 됐다. 아이들은 우리의 둘도 없이 소중하고 사랑스러운 자녀가 됐다. 하나님께서 나를 고아와 같이 버려두지 아니하시고 불꽃같이 지키시고 아빠 아버지로서 자녀 삼아 주셨기에 나도 자녀들을 입양하였다.

'이제 우리는 한 가족이고 내 사명은 많은 가족과 예배드리며 이들을 잘 돌보는 것이구나.' 사람에게 하듯 하지 않고 주께 하듯 주님처럼 섬기고 사랑하며 열심히 섬겼다.

그런 줄 알았다. 한 사건이 일어나기 전까지는…. 2007년 4월 꽃샘추위가 있던 날 새벽 3시경 한 아빠에게서 전화 한 통이 걸려 왔다. 그것이 베이비박스의 시작일 줄은 몰랐다.

2007년 4월 주사랑공동체교회 앞에서 발견된 굴비 상자 안에 온유가 자고 있다.

굴비상자에 아이 담아
교회 문 앞에 놓아두고는…

"내가 애굽 사람에게 어떻게 행하였음과 내가 어떻게 독수리 날개로
너희를 업어 내게로 인도하였음을 너희가 보았느니라"

출애굽기 19:4

1999년부터 2006년까지 장애로 인해 가정에서 돌볼 수 없거나 병원에서도 감당하기 힘든 아이들이 한두 명씩 주사랑공동체교회 장애인생활공동체로 모였다.

2007년 4월 꽃샘추위가 있던 어느 날 새벽 3시쯤 한 통의 전화가 걸려왔다. 전화기로 바람 소리가 분명 들렸는데 1분 정도 아무 말이 없었다. 그때 "후… 목사님" 하며 절망감에 빠진 목소리가 들렸다.

"죄송합니다. 아기를 교회 앞에 데려다 놨습니다." "아이를요? 지금이요?" "아니요. 한 20분 지났습니다. 이다음에… 이다음에… 정말 죄송합니다." 남자는 급하게 전화를 끊었다.

대문 앞으로 다가가 문을 여는데 고양이가 후다닥 달아났다. 깜짝 놀라 아래를 보니 가로등에 희미하게 비친 종이상자와 까만 비닐봉지가 놓여 있었다.

상자 속에는 태어난 지 얼마 안 된 아기가 파란 얼굴빛을 띤 채 놓여 있었다. 아내를 불러 사진을 찍고 아이가 담긴 상자째로 안방에 옮겼다.

냄새가 진동했다. 굴비를 담았던 상자였다. 냄새를 맡은 고양이가 상자를 열기 위해 애를 썼던 발톱 자국이 선명했다. 더 지체됐더라면 큰일 났을 거란 생각에 온몸이 오싹했다. 까만 비닐봉지에는 우유병 한 개와 먹던 분유 한 통, 기저귀 다섯 개가 들어 있었다.

상자 안에는 배냇저고리에 둘러싸인 아기와 함께 '죄송합니다'라고 적힌 메모지 한 장이 들어 있었다. 배냇저고리를 벗겨내니 탯줄 끝에 집게가 물려 있었다. 다운증후군 장애가 있는 여자아이였다. 금방이라도 죽을 것 같은 아이를 끌어안고 나와 아내는 목놓아 울며 기도했다. 그랬더니 아이가 조금씩 움직이기 시작했다.

아내는 곧바로 젖병에 우유를 타서 아이의 입에 물렸다. 아이는 배가 고팠는지 젖병을 힘껏 빨기 시작했지만, 우유가 쉽게 줄어들지 않았다. 젖병의 우유가 사라질 때쯤 아기는 내 품에서 소곤소곤 자기 시작했다.

짧은 시간이었지만, 우리 부부에겐 1년처럼 길게 느껴졌다. 아이의 이름을 온유라 지었다. 온유는 가슴으로 낳은 내 친딸이 됐다. 온유는 다운증후군으로 가끔 병원에 다녀야 하지만, 건강하게 잘 성장하고 있다. 온유가 발견된 후 옆집 주차장과 공중전화 박스, 공원 입구 등에서 장애 아기들이 발견됐다. 사회복지시설이 아닌데도 경찰관까지 아기를 안고 찾아왔다. "왜 자꾸 나에게 오느냐?"라며 난처한 입장을 보였지만 경찰관은 "목사님밖에 맡아 주실 분이 없습니다."라며 아기를 맡기곤 했다.

'이러다 자칫 대문 밖에서 아기들이 사체로 발견되면 어떡하지? 하나님, 이 아이들을 지킬 수 있도록 지혜를 허락해 주세요.'

온유를 발견하고 1년이 된 어느 날 국민일보를 보는데 눈에 띄는 기사 제목이 있었다. 체코의 베이비박스 기사였다.

2009년 12월 서울 관악구 주사랑공동체교회 앞에서 베이비박스 설치를 돕고 있다.

어느 날부터 아기들이 울부짖는 환청에 시달려…

"이에 그들이 그 환난 중에 여호와께 부르짖으매 그들의 고통에서 구원하시되 흑암과 사망의 그늘에서 인도하여 내시고 그들의 얽어 맨 줄을 끊으셨도다"
시편 107:13-14

어느 날부터 환청이 들리기 시작했다. 아기들이 고통으로 죽어가는 서글픈 울음소리였다. 낙태로 인해 몸부림치며 고통 중에 죽어가는 아이들의 소리, 아무도 없는 곳에 버려져 힘없이 죽어가는 아이들의 고통스러워하는 소리가 들렸다. 죽을 만큼 괴로웠다. 한나를 하늘에 보냈을 때의 그 심정이었다.

환청 치료와 아이들 검사를 위해 병원을 방문했다. 병원에선 아무 이상이 없다고 했지만, 내게는 또렷하게 들려 기도했다. 하나님께서 주신 마음은 '말할 수 없는 아이들, 약하고 약한 작은 자의 대변인이 돼라. 이 아이들을 살리라'는 명령이었다. 몇 번을 기도해도 그 명령은 변하지 않았다.

병원의 인큐베이터가 눈에 들어왔다. '저걸 응용하면 되겠구나.' 국민일보에서 체코의 베이비박스 기사를 본 건 며칠 후였다. 기자에게 연락해 현지 이메일 주소를 알아냈다. 베이비박스를 수입할 수 있는지, 안 되면 도면이라도 구할 수 있는지 수차례 연락했지만, 답장이 없었다. 낙심이 컸다.

주님이 주시는 생각과 지혜로 만들어야겠다고 생각했다. '앞에서 문을 열어 아기를 보호하고 맞은편에서도 아이를 받을 수 있도록 해야겠다. 양쪽으로 문을 만들고, 안에는 아이의 체온을 보호하도록 온도를 유지하고 문을 열면 소리가 나도록 해야겠다. 카메라를 설치해 아기가 들어왔는지 봐야겠다.'

친구 중 철공 일을 하는 집사가 있었다. 나는 구상한 대로 그림을 그려 친구 집사에게 베이비박스 제작을 부탁했다. 친구는 2주 뒤 설계도 초안을 만들었다. 몇 차례 보강을 한 뒤 2009년 12월 베이비박스가 교회 벽에 만들어졌다. 가로 70㎝, 세로 60㎝, 폭 45㎝ 크기였다.

"하나님, 천하보다 귀한 생명이 버려져 죽지 않게 해 주세요. 베이비박스에 아이들이 들어오지 않게 해주세요. 다만 베이비박스가 아니면 죽을 수밖에 없는 아이들은 문을 열어 하나님께서 살려 주십시오."

이후 3개월간 베이비박스에 아기들이 들어오지 않았다. 종종 지나가던 등산객들이 호기심으로 여는 바람에 초인종 소리가 나 확인했지만, 아기가 들어오리라고는 생각하지 않았다. 한편으로는 다행이라고 생각했다.

2010년 3월 어느 날 갑자기 베이비박스 벨이 울렸다. 베이비박스로 다가가는데 아기의 울음소리가 들렸다. 작은 수건으로 배꼽만 살짝 덮었는데 탯줄이 그대로 있는 아기였다.

온몸이 오싹하고 떨렸다. 아내와 자원봉사자들은 아기를 보자마자 대성통곡했다. 나는 봉사자들을 다독였다. "하나님께서 아이를 베이비박스를 통해 살리셨어요. 이 세상 죄악의 물에 떠내려오는 아이를 모세처럼 베이비박스로 건지셨어요. 오늘부터 이 아이의 이름은 모세입니다." 그리고 아기를 위해 손을 얹고 기도했다. "하나님께서 계획하신 바가 있으셔서 아기를 보내 주신 줄 믿습니다. 베이비박스를 통해 지켜진 모세가 주님의 귀한 일꾼으로, 시대적 사명자로 성장할 수 있도록 역사하여 주시옵소서."

모세는 하나님과 사람 앞에 사랑스러운 아기로 건강히 성장했다.

2012년 8월 서울 관악구 주사랑공동체교회에서 아기들을 돌보고 있다.

아기 놓고 간 미혼모
"우리 아기 잘 있나요" 울며 전화

"내가 기뻐하는 금식은 흉악의 결박을 풀어 주며 멍에의 줄을 끌러 주며
압제 당하는 자를 자유하게 하며 모든 멍에를 꺾는 것이 아니겠느냐"
이사야 58:6

베이비박스를 통해 첫아기 모세를 만난 며칠 뒤, 다운증후군 장애 아기가 보호됐다. 베이비박스가 위기 임신으로 태어난 아기들과 장애 아기들을 보호한다는 소문이 났다. 당시 월 2~3명의 아기가 보호됐다. 새벽에도 아기가 들어왔다. 언제 아기가 들어올지 몰라 아내와 나는 늘 긴장한 상태였고 잠을 자면서도 귀를 열고 있었다.

베이비박스 벨이 울리면 곧바로 사진을 찍고 아이의 건강 상태를 확인한 뒤 112에 연락해 미아신고를 했다. 경찰들은 아기의 DNA를 채취하고 구청에 연락해 아기의 보호를 요청했다. 구청은 난감해하면서 한 달이 되어서야 아기를 데려갔다. 지금은 일주일에 두 번 아기를 데려간다.

어느 날 새벽 3시, 아기를 놓고 간 어머니에게서 연락이 왔다. 술에 취

한 목소리였고 서글프게 울고 있었다. "목사님, 우리 아기 잘 있나요. 좋은 부모 만났나요." 엄마의 가슴 아픈 절규와 울음소리에 나도 같이 따라 울었다.

나는 '아이의 친부모가 죄책감으로 인해 잘못된 선택을 할 수 있겠구나' 생각해 2011년부터 아기를 놓고 간 부모를 어떻게든 만나기로 했다.

어느 날 새벽 2시, 초인종 소리가 들렸다. 새벽에도 아기를 돌보던 아내는 바로 베이비박스에 들어온 아기를 살피러 갔다. 나는 밖으로 나가 급히 자리를 떠나려 하는 엄마를 불러 세웠다. "무슨 사정인지 모르겠지만, 이대로 가면 엄마도 죄책감에 힘든 세월을 보냅니다. 저와 얘기 좀 하시죠."

아기 엄마는 교회 사무실로 들어왔다. 나는 힘든 결정을 왜 하게 됐는지 물었다. 엄마는 10대 미혼모였다. "아기 친아빠는 임신 사실을 알자마자 도망갔어요. 어떻게 키워야 할지 막막하고 부모님도 모르세요. 아시면 저를 가만히 두지 않을 거예요."

아기 엄마는 3시간 동안 누구에게도 말하지 못했던 자신의 사연을 구구절절 이야기했다. 사연이 너무 안타깝고 슬퍼서 같이 눈물을 흘렸다. 사무실 창밖으로 아침 해가 떠오르고 있었다. 엄마의 표정을 보니 처음 왔을 때보다 한결 편해 보였다. 내가 "아기에게 해 줄 수 있는 게 있어요?"라고 묻자, 엄마는 "전 해 줄 게 아무것도 없어요"라고 답했다.

"기도하는 엄마는 돼 줄 수 있느냐"고 물었더니 "그건 할 수 있습니다"라고 말했다. 아기 엄마와 영접 기도를 했다. 기도를 마친 엄마는 "목사님, 혹시 아기 키워 주실 수 있나요. 학교를 졸업할 때까지 1년만 키워 주시면 제가 꼭 데리러 올게요"라고 말했다.

1년 뒤 엄마는 약속대로 아기를 데리러 왔다. 정말 기뻤고 하나님께 감사했다. 엄마가 자립해 아기를 키울 수 있도록 3년간 양육 키트와 생활비를 보내 줬다. 1년에 자주는 아니어도 잊지 않고 한두 번 연락이 온다. "아버지, 건강하시죠? 저는 아이와 함께 행복하게 살고 있어요. 아버지가 절 도와주지 않으셨으면 전 피눈물 나게 후회할 짓을 했을 거예요. 종종 전화드릴게요." 아이를 다시 키우기로 결심한 엄마들은 나를 "목사님" 또는 "아버지"라고 부른다.

한국형 베이비박스의 시작이었다. 아이의 보호를 넘어 아이 부모를 만나 상담을 통해 아이를 키울 수 있게 했다. 양육 환경이 어렵다면 상황에 따라 일정 기간 경제적 지원을 한다. 베이비박스에 온 아기를 가정으로 돌려보내는 일, 그 사명이 내겐 막중했다. 또한 기쁨이고 보람이었다. 주님께서 우리를 아버지 하나님께 다시 돌려보내 회복하게 하심과 같이.

자원봉사자들이 2013년 4월 경기도 과천 서울대공원에서 베이비박스 아이들과 야외활동을 한 뒤 기념촬영을 하고 있다.

베이비박스 알려지자 아기들 늘어…
봉사자 도움 절실

"내 영혼아 네가 어찌하여 낙심하며 어찌하여 내 속에서 불안해 하는가
너는 하나님께 소망을 두라
그가 나타나 도우심으로 말미암아 내가 여전히 찬송하리로다"
시편 42:5

베이비박스에 보호되는 아기들이 늘어나면서 아기를 돌봐 줄 이들의 손길이 절실해졌다. 동시에 여러 아이를 돌보다 보니 우리가 감당할 수 준을 넘어섰다. 국민일보 직원들이 2년간 봉사활동을 했는데 하루는 동료 기자를 데려와 베이비박스의 존재를 취재해 알렸다. 이를 계기로 지상파 방송에도 보도됐다. 봉사자들이 도움을 주기 시작했다.

2009년 12월 베이비박스를 설치한 뒤 1~2년간 장애 아동이나 위기 임신으로 인해 아픈 아이들이 베이비박스에 많이 들어왔다. 아이들은 대부분 수술이 필요한 상태였다. 한 아이는 큰 수술만 16번 이상 할 정도였다. 비싼 수술비는 오롯이 우리가 감당할 몫이었다. 수술이 끝난 뒤 병원의 수납 창구에 가는 건 쉬운 걸음이 아니었다.

하루는 병원비가 얼마나 나왔는지 물으러 갔더니 병원 직원이 "완납됐습니다"라고 말했다. 그럴 리 없다며 다시 확인해 달라고 했더니 직원은 "아니에요. 누군가가 계산해 주셨네요"라고 말했다.

어떤 날은 교회 입구 계단에서 후원금이 들어있는 봉투를 발견했다. 봉투에는 '너희가 여기 내 형제 중에 지극히 작은 자 하나에게 한 것이 곧 내게 한 것이니라'(마 25:40)는 말씀이 적혀 있었다. 우리 부부는 울음을 터트렸다. "하나님께서 이 아이들을 정말 사랑하시는구나. 하나님이 광야에서 생수와 만나로 이스라엘 백성을 먹이신 것처럼 우리 공동체도 먹이고 입히시는구나."

이 길을 걸으며 하나님의 살아계심을 수없이 느꼈고, 돕는 분들의 아름다운 마음에 감격한 일들이 참 많았다. 때론 마음 아픈 일들도 있었다.

2012년 8월 어느 날 낮 2시쯤 베이비박스에 벨이 울렸다. 2시간 후 또 다른 벨이 울렸고 저녁에 또 벨이 울렸다. 하루에 3명의 아기가 들어온 것이다. 보육방에서 갑자기 15명의 아기를 돌봐야 했다. 그때까지는 한 달에 2~3명의 아기를 돌봤는데 8월부터 23명의 아기를 봐야 했다.

자원봉사자로도 부족했다. 도움을 요청할 사람들이 떠오르지 않았다. 미안하게도 직장에 잘 다니는 딸 지영이에게 직장을 그만두고 도와달라고 부탁했다. 딸은 아빠의 부탁을 거절하지 못해 아쉬움을 가득 안은 채 직장을 그만뒀지만, 다행히 아이들을 친동생처럼 잘 돌봐줬다. '우선 아기부터 살리자'는 마음이 앞서 이런 부탁을 했는데 지금까지 딸에게 미안한 마음이 크다.

세상 소식을 들여다볼 틈이 없는 시간을 보내다 잠깐 신문을 보니 입양특례법으로 인해 아이들이 밖에서 많이 버려진다는 기사가 눈에 띄었다. 2012년 8월에 시행된 입양특례법은 출생신고제를 강제하면서 피치 못할 사정을 가진 생모들이 본인과 아이의 생명을 두고 낙태나 출산 후 유기, 인신매매 등 극단적 선택을 하게 만든다는 지적을 받았다.

아무리 생각해도 이해되지 않아 지인들에게 물어보며 이 법에 대해 알아봤다. '인권을 외친다는 법안이 오히려 아기들의 생명을 위협하는구나.' 이 기사가 베이비박스에 새로운 파도를 몰고 올 것처럼 보였다.
'생명 vs 인권 무엇이 중요하냐'라고 질문한다면 모두 망설임 없이 생명이라고 할 것이다. 그런데 생명을 위태롭게 하는 입양특례법을 도무지 이해할 수 없었다.

시민들이 2013년 6월 서울 여의도 한강공원에서 '슬프도록 아름다운 생명, 베이비박스가 지킵니다'라고 적힌 현수막을 들고 생명운동 행진을 하고 있다.

슬프도록 아름다운 생명, 베이비박스가 지킵니다

방송사 토론 참석
"인권 · 법보다 소중한 건 생명" 열변

*"그러므로 우리가 담대히 말하되 주는 나를 돕는 이시니
내가 무서워하지 아니하겠노라 사람이 내게 어찌하리요 하노라"*

히브리서 13:6

입양특례법은 출생신고를 강제하는 법으로 출생신고를 하지 않으면 의료보험 혜택을 받을 수 없고 입양도 할 수 없게 했다. 이 법이 2012년 8월 시행되자 출생신고를 할 수 없는 미혼모들이 아기를 안고 베이비박스를 찾았는데 그 수가 급격히 늘었다. 수십 명에서 수백 명으로 계속 늘어가니 정신이 없었다.

이들은 대부분 10대 미혼모였다. 외도로 태어난 아기, 근친상간, 외국인 불법체류 노동자, 강간 피해자 등 저마다 아픈 사연이 많았다. 거의 하루에 한 명씩 아기들이 베이비박스에 들어왔다. 아픈 사연들이 내 마음을 후벼팠다. 마음이 너무 괴롭고 슬퍼 우울증이 생길 정도였다.

입양특례법이 제정된 후 베이비박스에 반대하는 목소리도 커졌다. 베

이비박스가 아기 유기를 조장한다는 논리였다. 나는 그저 아기들의 생명을 돌보는 것 외에는 관심이 없었다.

어느 추운 겨울날 한 단체가 베이비박스 앞에서 팻말을 들고 '베이비박스는 아기 유기를 조장한다'고 시위했다. 나는 그분들에게 "뭐라 안 할 테니 들어와서 식사라도 하고 시위해라"고 말했다. 그분들은 나를 이상하게 쳐다보다 진심을 느껴졌는지 눈치 보며 하나둘씩 교회 안으로 들어왔다.

같이 밥을 먹으며 대화하니 그들은 대부분 미혼모였다. 나는 조심스럽게 말했다. "아이들을 홀로 키우느라 고생이 많습니다. 정말 이곳이 아기 유기를 조장하는 것처럼 보입니까."

한 엄마가 답했다. "목사님, 죄송합니다. 며칠 시위하면서 봤는데 아니네요. 죽을 수밖에 없는 아기를 살리고 보호하고 계셨네요. 다시 시위하는 일은 없을 겁니다." 나는 그들과 자녀를 위해 축복기도를 한 뒤 그들을 돌려보냈다. 이후엔 시위가 없었다.

한 방송사의 토론회에 초청받았다. '베이비박스, 유기를 조장하는가'라는 주제였다. '그래, 베이비박스가 유기를 조장한다고 하는 이들의 말이나 들어보자'는 마음으로 참석했다.

토론장에는 법조인, 교수, 정부 관계자 등이 입양특례법의 긍정적 변화, 인권, 관련 법, 통계, 이념 등을 설명하며 '베이비박스는 문제가 있다'는 식으로 이야기를 이끌었다. 토론회에 참석한 관객들도 공감하는 분위기였다. 하지만 내 마음에 와닿는 건 하나도 없었다.

내 차례가 돼 입을 열었다. "왜 생명에 대해선 말을 안 하시죠. 생명이 법보다 인권보다 중요하지 않나요. 옆집에 불이 나면 119에 신고하고, 물에 빠진 사람이 있으면 건져야 하는 건 당연한 거 아닌가요. 생명이 있어야 인권도 법도 있는 거 아닌가요."

몇 초간 적막이 흐르고 조용해졌다. 나는 계속 말을 이어갔다. "참석한 분들과 한 가지는 공감합니다. 베이비박스에 아기가 들어오지 않길 가장 간절히 바라는 사람은 바로 저입니다. 저는 소중한 아기의 생명과 베이비박스에 온 미혼모를 지킬 테니 토론회에 참석한 여러분들은 안전하게 아기를 키울 수 있는 나라를 만들어 주세요."

아무도 내 말에 반박하지 못했다. 그때부터 '입양특례법으로 생긴 영아 유기 문제를 베이비박스가 해결해 주고 있다'는 여론이 조성되기 시작했다.

2014년 7월 서울 관악구 주사랑공동체 사무실에서 베이비박스를 촬영한 브라이언 아이비 감독과 기념촬영.

미 젊은 감독, 탯줄 단 채 베이비박스에
담긴 아기 보더니 …

"우리는 그가 만드신 바라 그리스도 예수 안에서 선한 일을 위하여
지으심을 받은 자니 이 일은 하나님이 전에 예비하사
우리로 그 가운데서 행하게 하려 하심이니라"

에베소서 2:10

2014년 봄 미국 서던캘리포니아대(USC)에 재학 중인 브라이언 아이비라는 젊은 감독으로부터 이메일로 연락이 왔다. 한국 주사랑공동체 베이비박스를 촬영하고 싶다는 내용이었다. 당시 월평균 20명의 아기가 베이비박스에 보호되던 터라 메일을 제대로 확인하지 못했다. 몇 주 뒤 스태프에게 전화가 왔다. 한국교포 자매인 세라라는 크리스천이었다. 아이비 감독이 학교 식당에서 LA타임스에 소개된 베이비박스 보도를 접하고 졸업작품으로 촬영하고 싶다고 했다.

거절했다. 한국의 아름다운 소재를 촬영하는 게 아니었기 때문이었다. 세라 자매에게 다시 연락이 왔다. 촬영을 위해 모든 준비를 마치고 기다린다고 했다. 한창 꿈을 펼칠 젊은 감독과 스태프였기에 마냥 거절할 수만은 없어 촬영을 허락했다. 무슨 영문인지 한 달을 기다려도 감

감무소식이었다. 알고 보니 카메라 장비도 없었고 항공권 숙박비 등도 전혀 준비돼 있지 않았다.

미국 장애인시설에서 봉사활동을 하는 세라 어머니는 어느 날 한국에서 촬영한다는 딸이 걱정돼 점심 기도를 길게 드렸다고 한다. 옆 테이블의 여성이 "한국인은 식기도 때 그렇게 길게 기도하냐"고 물었다. 세라 어머니는 딸의 사정을 말했다.

세라 어머니의 연락처를 받아간 여성은 자신의 남편이 카메라 렌즈 회사 회장인데 아직 출품되지 않은 2억 원 상당의 영상촬영 카메라를 후원하겠다고 했다. 세라 어머니가 다니던 한인교회는 세라 자매가 베이비박스를 촬영한다는 내용을 듣고 2억 원을 촬영팀에게 후원했다.

기적과 같은 도움으로 아이비 감독과 세라 자매, 스태프 등 13명이 한국에 와 베이비박스를 촬영했다. 아이비 감독은 탯줄을 달고 베이비박스에 들어오는 아기를 보더니 자리에 털썩 앉으며 우는 목소리로 내게 말했다.

"목사님, 허락하시면 졸업작품이 아닌 제대로 된 다큐멘터리 영화를 찍고 싶습니다. 저는 예전에 마약과 술에 찌들어 허랑방탕한 삶을 살았습니다. 어떻게 하면 목사님처럼 생명을 살리고 예수님을 믿는 삶을 살 수 있을까요."

"그렇다면, 영화를 꾸미지 말고 있는 그대로 찍기를 바란다. 하나님

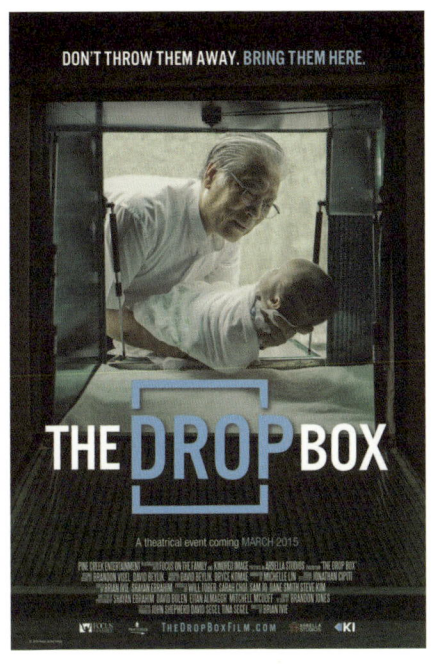

께서 당신의 길을 열어 주실 것이다."라고 말하며 나는 감독의 손을 잡고 영접 기도를 했다. 이 기도는 그를 기독 영화를 제작하는 감독으로 만들었다. 1년간 촬영된 영화는 2015년 4월 80분 분량의 '더 드롭 박스'(The Drop Box)란 제목으로 미국과 캐나다 등지의 1000여 개 극장에서 동시 상영됐다. 첫째 날부터 매진 행렬에 앙코르 상영까지 했다. 지금까지 1800여만 명이 영화를 관람했다.

이 영화는 다큐멘터리 국제영화제에서 7개 부문을 수상했다. 미국 주요 방송국과 언론사도 대서특필했다. 영화 판권을 가진 미국 가정사역 단체 '포커스 온 더 패밀리'(Focus on the Family)는 영화 수익의 일부로 우리 가족이 함께 살 수 있는 건물을 마련해 줬다. 그 도움으로 서울 관악구 주사랑공동체교회에는 베이비박스만 남겨두고, 18명의 장애인 자녀들과 새 거처를 마련해 서울 금천구로 이사했다. 생각지도 않은 일, 계획에도 없던 모든 일을 인도하신 하나님께 감사드린다.

2013년 10월 서울 여의도 국회 앞에서 입양특례법 재개정을 위한 1인 시위.

비밀출산법 도입해야
미혼모·아기 다 살릴 수 있어

"오직 성령의 열매는 사랑과 희락과 화평과 오래 참음과 자비와 양선과 충성과 온유와 절제니 이같은 것을 금지할 법이 없느니라"
갈라디아서 5:22-23

2012년 8월 시행된 입양특례법으로 많은 미혼모 아기들이 베이비박스에 오게 됐다. 그러나 1년이 지나도 입양특례법으로 생긴 문제에 대한 후속 조치나 보완 입법 움직임이 보이지 않았다. 오히려 법을 강화하려 했다.

베이비박스에 오는 미혼 부모 98% 이상을 만나 상담한다. 아기가 입양돼 가정에서 아기를 키울 수 있도록 설득한다. 그러나 출생신고가 없으면 대부분 시설에서 자라야 한다. 입양특례법이 가정 보호가 아닌 시설 보호를 부추긴 셈이다.

이로 인해 입양이 80%나 줄었다는 학계 보고서도 나왔다. 반면 시설의 아기들은 80% 이상 증가했다. 시설이 많이 좋아졌다고 하지만, 아동은 가정에서 자라야 행복하다.

한 해 미혼모 200명 이상을 산단하는데 출생신고가 어려운 경우가 대부분이다. 어찌 이들의 눈물을 국가가 외면하는지 참으로 안타까웠다. 위기 미혼모와 아기들의 대변인이 되기 위해 서울 여의도 국회 앞에서 입양특례법 재개정을 위한 1인 시위를 했다. 내게 악수를 청하며 관심을 보이는 국회의원도 있었지만, 그때뿐이었다.

고군분투하다 태아 생명운동을 하는 당시 변호사 출신인 성산생명윤리연구소 권오용 소장과 안양샘병원 박상은 원장, 낙태반대운동연합 김현철 회장과 인연이 닿았다. 권 소장이 내게 법률 전문가들을 소개해 줘 비밀출산법의 골자를 만들 수 있었다. 2018년 4월 '미혼모지원 확대와 비밀출산에 관한 특별법'(비밀출산법)이 발의됐다. 비밀출산법은 주사랑공동체의 베이비박스 운영 경험 전체를 반영한 법이다.

그달 일본 구마모토에서는 자혜병원 주최로 최초의 세계베이비박스 심포지엄이 열렸다. 베이비박스를 운영하는 12개국에서 참여했는데 한국 주사랑공동체 베이비박스가 높은 관심을 받았다. 비밀출산법을 소개했더니 선진국의 좋은 법들만 모아 만들었다고 칭찬했다.

비밀출산법은 위기 임신으로 인해 아기를 키울 수 없는 경우, 가명으로 병원에서 출생신고를 해 바로 입양할 수 있게 한 법이다. 엄마가 직접 아기를 키운다고 하면 양육비를 제공하고 자립을 지원한다. 아기만 낳고 도망간 아버지를 끝까지 찾아 양육비를 지원하지 않으면 운전면

허증과 여권을 취소하고 월급까지 압류한다. 20대 국회에서는 통과하지 못해 2020년 12월 1일 '보호출산법'으로 21대 국회에서 다시 발의했다.

지난해 2월 베이비박스를 포함한 입양·학부모·미혼부부 단체 등과 함께 '지켜진 아동의 가정보호 최우선 조치를 위한 공동대책위원회'를 결성했다. 위원회는 보호출산법 통과를 위해 한목소리로 외치고 있다. 이전에는 입양특례법 재개정과 비밀출산법 통과를 홀로 힘들게 외쳤지만, 이제는 많은 사람이 함께해 준다. 애굽에 포로 된 이스라엘 백성을 건지라는 명령을 받은 모세를 위해 하나님께서 말에 능한 모세의 형 아론을 예비하신 것처럼 말이다.

언제까지 이 험난한 고개를 넘어야 할지 모르겠지만, 지금까지 그러하듯 하나님께서 계획하시고 이루신 일이기에 나는 그저 기도하고 말씀을 준행할 뿐이다.

이종락 목사와 가족, 동역자들이 2019년 8월 14일 경기도 군포 G 샘병원에서 임종 직전의 은만이를 붙들고 기도하고 있다.

'베이비박스' 있게 한 은만이 …
33세에 주님 곁으로

"오형제들아 나는 아직 내가 잡은 줄로 여기지 아니하고 오직 한 일 즉 뒤에 있는 것은 잊어버리고 앞에 있는 것을 잡으려고 푯대를 향하여 그리스도 예수 안에서 하나님이 위에서 부르신 부름의 상을 위하여 달려가노라"

빌립보서 3:13-14

주사랑공동체 사역들은 하나님께서 허락하신 내 아들 은만이로부터 시작됐다. 왼쪽 볼에 임파선 혹을 갖고 태어난 은만이는 생후 4개월 만에 바이러스가 뇌로 전이됐다. 아들은 33년간 전신 마비로 침상에서 대부분 시간을 보냈다. 아빠 엄마라는 말조차 할 수 없었고 움직일 자유도 없었다.

은만이를 통해 완악했던 내 마음에 긍휼함이 생기기 시작했다. 평생 병상에서 아픈 자녀를 간호하는 부모의 마음, 아기만은 살리고자 하혈하면서도 달동네에 있는 베이비박스까지 오게 된 엄마의 심정은 바로 내 마음이기도 했다.

우리 가족은 은만이와 30여 년을 행복하게 살았다. 32세가 되던 2019

년 2월 은만이는 암 진단을 받았다. 그러나 전신 마비로 양다리가 좌우로 뻗어 있어 정밀 검사가 불가능했다. 몸이 아파도 아프다는 말을 할 수 없었으니 얼마나 고통스러웠을까. 고통을 대신할 수 없어 마음이 찢어지고 아팠다.

의사는 하나님께서 은만이를 부르실 날이 얼마 남지 않았다고 했다. 몇 개월 후 다급한 전화가 걸려 왔다. 은만이의 숨이 채 몇 분 남지 않았다고 했다. 청천벽력과 같은 소식이었다. 나는 2시간 이상 떨어진 곳에서 공동체 일을 보고 있었다. 사무국장이 소식을 듣고 서둘러 운전대를 잡았다. 뒷좌석에서 울며 기도하는 것 외에는 할 수 있는 것이 없었다.

 생각해보니 어제 은만이와 밤을 같이하며 마음으로 많은 대화를 했다. 아침에도 평소와 다르게 눈을 똑바로 맞추고 웃음 가득 기뻐하며 이야기를 나누며 행복하게 오히려 나를 위로했다. 그것이 이 땅에서의 마지막 대화일 줄은. '은만아, 조금만 기다려 다오. 주님, 아들의 생명을 조금이라도 연장해 주세요. 은만아 안 돼.'

사무국장은 비상등을 켜고 막힌 고속도로 갓길을 운전해 1시간 30분 만에 병원에 도착했다. 엘리베이터를 기다릴 수 없어서 5층 계단을 뛰어 갔다. 심장이 터질듯했다. 문을 열자 사람들로 둘러싸인 은만이의 눈과 마주쳤다.
 은만이는 눈으로 '아빠 보고 가려고 기다렸어'라고 말하고 있었다. 나는 두 손으로 은만이의 얼굴을 만지며 이야기 했다. "아들아, 사랑해. 내게 와 줘서 고마워." 다행히 우리는 은만이의 마지막을 함께할 수 있었다. 우리는 은만이의 눈을 마주하고 기도하면서 입맞춤으로 은만이를 주님께 보냈다. 주님의 품 안에 안겼는지 은만이는 천사의 미소를 지으며 2019년 8월 14일 33세 나이로 우리 가족에서 주님의 가족이 됐다.

온몸으로 눈물을 흘리는 동안 등 뒤에서 따뜻하게 나를 위로하시는 주님을 느낄 수 있었다. 마음에서 하나님의 음성이 들렸다. '이제 됐다. 사랑하는 은만이를 직접 품을 수 있게 해 줘서 고맙다.'

은만이는 어디 내놔도 사랑스러운 소중한 내 아들이었다. 주님께 보내고서야 알았다. 우리가 은만이를 돌본 것이 아니라, 은만이로 인해 내 완악한 인격이 변했고 주님께서 원하시는 삶을 살 수 있게 됐다는 것을….

지금까지 내 삶은 내가 이룬 것이 아니다. 고백했지만, 나는 부끄러운 삶을 살았다. 내게 주어진 소중했던 선물 은만이, 나를 믿고 지지해 준 아내와 큰딸 지영이, 무엇보다 나는 그런 길을 계획하지 않았지만 그럼에도 이 길로 인내하시고 내가 약할 때 새로운 길로 이끌어 주신 하나님께서 하셨다.

지금도 종종 사랑하는 아들 은만이가 사무치게 보고 싶다. 그러나 은만이를 통해 아직 내게 남겨진 일을 다른 은만이들을 위해서라도 멈출 수 없다. 은만이와 다시 만날 날을 소망하고 주님만을 의지하며 묵묵히 가고자 한다. '은만아, 아빠와 엄마는 네가 우리에게 와 줘서 고마워. 사랑한다. 보고 싶다. 내 아들 은만아.'

베이비박스 앞에서 이종락 목사.

"한 생명이 천하보다 귀하다"
주님 뜻따라 생명 지킬 것

"사람아 주께서 선한 것이 무엇임을 네게 보이셨나니
여호와께서 네게 구하시는 것은 오직 정의를 행하며 인자를 사랑하며 겸손하게
네 하나님과 함께 행하는 것이 아니냐"

미가 6:8

그동안 하나님께 받은 큰 은혜를 바쁜 현실에 매여 잊고 살았다. 그러다 국민일보 '역경의 열매'에 글을 연재하면서 하나님의 은혜가 아니면 살 수 없었던 자신을 돌아보게 됐다. 주님이 맡기신 사명이니만큼 좋은 열매를 맺도록 해야겠다는 경각심을 갖게 된 계기가 된 것 같다. 주님을 뜨겁게 사랑했던 첫사랑을 회복하고 주님을 대하듯 약한 자들을 보듬는 일에 더욱 매진할 것이다.

2021년 1~5월 국민일보의 간증 기획인 '역경의 열매'가 보도되는 동안 많은 이들에게 격려의 전화와 편지, 메일을 받았다. 어떤 분은 신앙생활을 하다 세상에 시험이 들어 마음이 황폐해졌다가 내 글을 보고 주님께 다시 돌아가기로 결심을 했다고 한다. 오래전 알았던 한 친구는 "내가 자네의 믿음을 보고 주님께 돌아왔네"라고 고백했다. 얼마나 감

사한 일인지 모르겠다.

2009년 12월 베이비박스가 설치된 후 하나님의 은혜로 지금까지 1900여명의 아기가 보호됐다. 미혼모 아기들이 베이비박스에 와서 안전하게 보호받을 때 가슴이 저리고 아프면서도 생명을 살렸다는 데 참으로 하나님께 감사했다. 베이비박스에 아기를 맡기려고 왔다가 상담을 통해 주님을 영접하고 마음을 바꿔 다시 아기를 키우기로 한 미혼모의 모습을 볼 때는 감사하고 뿌듯했다.

그런데 지난해 11월 3일 한 미혼모가 베이비박스까지 왔으나 작동 방법을 몰라 아이를 공사 자재 더미의 드럼통 위에 놓고 가 아이가 저체온증으로 사망한 일이 있었다. 억장이 무너지고 마음이 아팠다. 지금 그 미혼모를 만나 위로하고 돕고 있다.

최근 한 자원봉사자가 베이비박스에 보호된 아기를 학대한 사건에도 마음이 무너지고 피가 거꾸로 솟았다. 이때 정말 힘들었다. 베이비박스는 항상 손이 모자라 자원봉사자의 도움이 절실히 필요한 곳이다. 다행히 아이는 건강하고 무사했지만, 다신 일어나지 말아야 할 일이다. 선한 마음으로 오신 자원봉사자들에게 피해가 없길 바란다. 앞으로 두 번 다시 가슴 아픈 일이 일어나지 않도록 신경을 곤두세우고 주님을 섬기고 사랑하는 마음으로 아기들을 돌볼 것이다.

세상의 법은 인권이라는 명분으로 생명을 하찮게 여긴다. 그러나 하나님은 "한 생명이 천하보다 귀하다"고 하셨다. 우리는 마음을 다하고 목숨을 다해 생명을 해하는 일을 막아야 한다. 생명을 살리는 일, 이웃을 사랑하고 섬기는 일 모두 하나님의 뜻이다. 한 생명이라도 존중받고 축복받으며 사랑받고 생명이 풍성한 나라를 위한 국민운동이 일어나야 한다. 태어난 생명이 행복하게 살 수 있도록 하는 것이 한국교회가 해야 할 일이다.

지금도 베이비박스를 비판하는 일부 사람들과 단체가 있지만, 그들 또한 어느 누군가의 자녀이자 부모일 수 있다. 그들을 정죄하지 않는다. '베이비박스에 한 번이라도 와서 아기들을 놓고 갈 수밖에 없는 부모의 가슴 아픈 심정을 보고 들었더라면 충분히 이해할 수 있을텐데'라는 아쉬움이 들지만, 그들에게 강요하거나 인위적으로 설득하고 싶지는 않다. 다만 그들을 위해 기도할 뿐이다. '언젠가는 하나님께서 그들의 마음을 나와 같이 알게 해 주시겠지'라며.

국민일보는 내게 고마운 언론사이자 동역자다. 베이비박스도 국민일보가 소개한 체코의 베이비박스를 통해 용기를 내 만들 수 있었다. 주사랑공동체의 베이비박스 사역도 국민일보를 통해 처음 소개됐다. '역경의 열매'에 부족한 종이 소개돼 한편으로는 두렵고 떨린다. 앞으로도 겸손하게 맡겨진 사명에 더욱 기도하며 최선을 다하겠다.

1. 베이비박스는

부모의 불가피한 사정이나 위기임신과 아기의 장애 등의 사유로 유기 위험에 노출되어 있는 아기의 생명을 살리기 위해 만들어진 "생명보호장치"이다.

2. 한국 베이비박스의 시작

국내 베이비박스는 이종락 목사가 만들며 시작되었다. 이 목사가 중증장애를 가진 친아들(故이은만)을 극진히 돌본다는 소문이 퍼지자, 중증 장애로 버림을 받거나 방임된 아동들이 하나 둘 이종락 목사에게로 보내졌다.

2007년 4월 꽃샘추위가 있던 새벽 3시경 한 남성으로부터 전화가 걸려 왔다.
'목사님, 제 아이가 교회 대문 앞에 있습니다. 죄송합니다.'라며 전화를 끊었다. 이종락 목사는 황급히 대문 밖을 나가보니 생선박스 안에 아기울음 소리가 들려 상자를 열어보자 저체온으로 죽어가는 다운증후군 아이가 있었다. 고양이가 생선 비린내를 맡으며 상자를 열기 위해 긁은 흔적도 남아있어 자칫 늦게 발견되었다면 생명을 잃을 수 있었다.

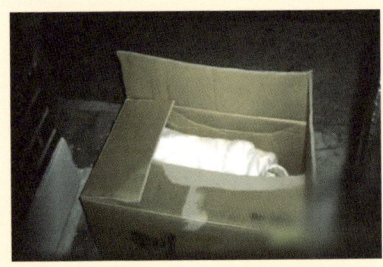 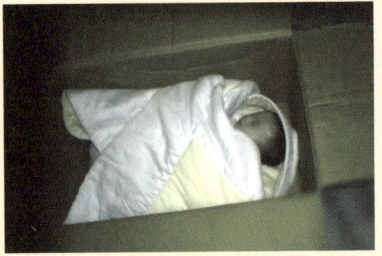

아기를 방으로 데려와 체온을 높이면서 하나님께 살려달라고 간절히 기도했고 몇 시간을 정성으로 돌보자 아이는 기적적으로 체온이 올라가 생명을 건지게 되었다.
이후 대문 앞, 옆집 주차장, 공중전화박스, 공원 등에 장애가 있는 아이들을 놓고 가는 일들이 빈번해지며, 이 목사는 '자칫 아이들을 늦게 발견하게 되면 생명을 잃을 수 있다'라는 불안감에 휩싸이게 되었다.

2008년 7월, 국민일보 외신 보도를 통해 체코의 베이비박스가 소개되어, 이를 수입하거나 설계도를 얻으려 백방으로 요청하였으나 오랫동안 아무 답변도 받지 못했다. 이 목사는 체코 베이비박스에서 착안해, 2009년 12월 주사랑공동체교회 담벼락에 국내 최초로 베이비박스를 설치하게 되었다.

베이비박스가 설치된 지 약 100일 뒤인 2010년 3월, 처음 아기가 보호되었고, 첫 아이의 이름을 갈대상자에 담겨 보호된 '모세'라 이름을 지었다. 2012년 8월 출생신고를 강제하는 입양특례법 시행으로 불가피하게 출생 신고가 어려운 많은 미혼부모가 베이비박스에 아기를 맡기면서 연 평균 200여 명의 아기가 보호되었고 2020년까지 약 1,822명의 아기들이 보호되었다.

독일

일본

폴란드

체코

3. 외국의 베이비박스

베이비박스(Babybox) 또는 베이비해치(Baby hatch)는 불가피한 사정으로 아기를 키울 수 없는 부모가 아기(신생아 또는 장애아동 등)를 데려와서 익명으로 베이비박스에 맡기고 안전하게 돌볼 수 있도록 하는 공간을 말한다. 이러한 장치는 중세 시대나 18~19세기에는 흔했고, 당시 Founding Wheel이라 불리며 종교기관, 병원, 복지센터, 고아원 등에서 운영되었다.

대부분 베이비박스는 외벽에 설치가 되어 양쪽에 문이 달렸고, 부드러운 침대, 보온장치, 벨 센서 등 아기를 안전하게 보호할 수 있는 장치가 마련되어 있다.

현재 독일 100여 곳, 미국 60곳(인디애나, 오하이오, 아칸소, 플로리다 등), 체코 78곳, 폴란드 47곳, 헝가리 12곳, 이탈리아 8곳, 오스트리아 6곳, 말레이시아 8곳, 캐나다 4곳, 스위스 2곳, 일본 1곳, 인도 1곳, 남아프리카 1곳, 라트비아 등이 있으며, 종교기관, 병원, 소방서나 국가에서 지원하여 합법적으로 운영되고 있다.

해외에서는 영아 유기를 줄이고, 소중한 생명을 보호하기 위해 국가 차원에서 베이비박스 또는 이와 유사한 제도를 운영하고 있다. UN아동권리협약에서는 비밀출산법 또는 익명출산제를 통해 국가가 익명성을 보장하고 위기 영아와 임산부를 지원할 수 있도록 적극적으로 권장하고 있다.

4. 주사랑공동체 베이비박스의 기독교 가치

선한 사마리아인의 기독교 가치(눅 10:26~38)를 가지고, 위기에 놓인 아기의 생명을 지키고 위기 임산부와 부모를 만나 그들을 위로하고 보호하며, 조건 없이 아기를 키울 수 있도록 지원하는 것이 베이비박스의 기독교 가치이다.

주사랑공동체는 베이비박스를 통해 위기 영아에게는 생명을 보존할 수 있는 안식처를 제공하고, 위기 임산부 및 미혼부모에게는 피난처와 도피처를 제공함으로써 이 시대 강도 만난 자들의 선한 이웃의 역할을 하고 있다.

특히, 위기에 놓인 미혼부모를 직접 만나 위로하고 치유하고 있으며, 상담을 통해 아기가 부모의 품으로 돌아간 경우에는 자립 가능한 양육 환경을 만들어 주기 위해 물질적 지원(양육물품, 생계비, 자립지원 등)을 하고 있다. 그리고 모든 지원에 있어서 선(先)지원 후(後)행정

처리 방식으로 아기의 입장에서 미혼부모의 입장에서 모든 편의를 봐주고 있다.

반면, 위기임신으로 출산한 미혼모가 국가의 도움을 받으려면, 아직 아기의 젖도 물리기 전에 지신의 신분을 입증하기 위한 다양한 행정서류를 준비하고, 자신의 상황을 노출시켜야 한다. 설령 준비했다고 하더라도 도움을 받을 수 있을지도 확신할 수 없다.

주사랑공동체는 베이비박스를 통해 도움을 구한 모든 미혼부모에게 어떠한 판단도 하지 않고 어떠한 편견도 갖지 않은 채 그들의 입장에서 생각하며 다양한 도움을 주고자 한다.

5. 베이비박스에서 하는 일

1) 위기영아보호

베이비박스는 부모의 불가피한 사정으로 인해 유기 위험에 노출된 아기를 안전하게 보호하고 있다. 베이비박스에 보호된 아기 중 미아로 판단될 때 다음 절차로 아이를 보호하고 있다.

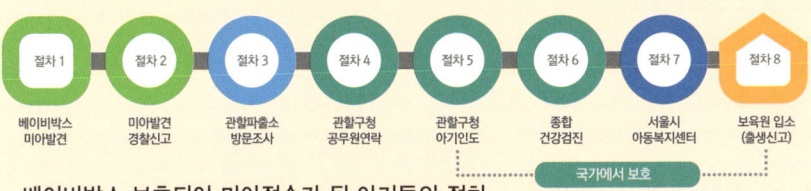

베이비박스 보호되어 미아접수가 된 아기들의 절차

2) 미혼부모 위기상담

다른 나라의 베이비박스와 다른 한국형 베이비박스의 한 차이점으로 아이를 보호하는 것 외에, 베이비박스의 문을 열고 아기를 보호한 미혼부모의 98%를 만나 상담을 하고 있다.

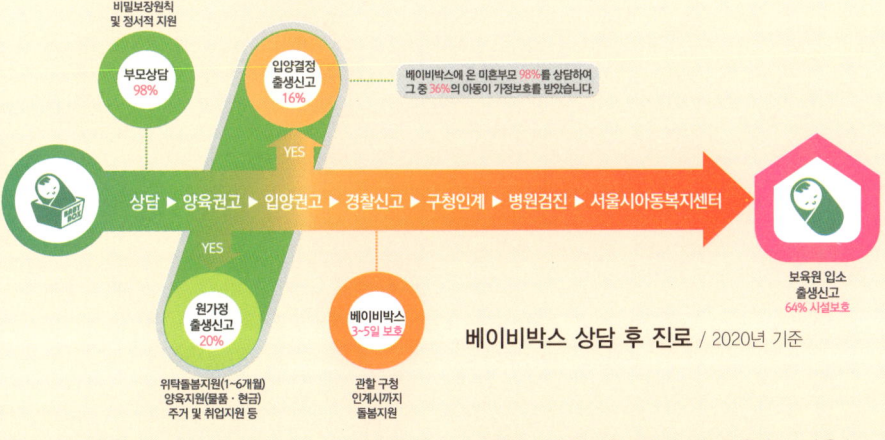

베이비박스 상담 후 진로 / 2020년 기준

아가야, 어서 와. 많이 힘들었지?

이 외 다양한 상담채널(대표전화 1670-5297, 내방, SNS 비밀상담 등)을 통해 상담하고 있다. 이 중 상담을 통해 20%의 아동이 부모의 품(원가정)에 안겼으며, 16%의 아동은 입양을 통해 가정에서 보호받을 수 있게 되었다.(36% 가정보호, 64% 시설보호)

3) 베이비케어키트 및 자립지원(※ 조건없는 선지원 후행정 방식 채택)

미혼부모 위기상담	24시간 상담채널 운영, 낙태 및 영아 유기 사전 예방, 가정 회복지원
무료출산 및 병원지원	산부인과병원 협약, 무료출산 및 무료진료 병원지원
자립생활관	아기와 함께 거주할 수 있는 일정기간 무상 거주공간 지원
베이비케어키트	아기를 키우기로한 가정 매월 1~2회, 3년 양육키트 및 생활비 등 지원
취업 및 자격증 취득 등	취업 및 자격증 취득 지원, 학교 복학 등 자립지원
기타 지원	무료법률 서비스 지원 등

영아 유기와 베이비박스

아가야, 어서와. 많이 힘들었지? 123

1. 영아 유기의 실태와 베이비박스

베이비박스의 필요성에 대한 찬반 논란을 펼치는 양 지역 모두 영아 유기 및 베이비박스 관련 통계들을 내세우고 있다. 그러나 통계마다 용어와 기준이 일치하지 않아 혼란을 가중시키고 있다. 이에, 영아 유기 및 베이비박스와 관련된 본격적인 논의에 앞서 아래와 같이 용어의 정의를 설명하고자 한다.

1) 용어의 정의

① 넓은 의미의 영아 유기

보건복지부는 영아 유기의 개념을 '친생부모가 자신의 아기에 대한 보호와 양육을 포기할 목적으로 신분을 밝히지 않고 출생신고 없이 아기를 아동복지시설 등에 놓고 가는 행위'로 요약하고 있다.

친생부모가 본인의 출산 사실을 숨기려 하거나, 아기를 키울 수 없는 경우 보육원 또는 사회복지시설, 종교기관 등에 놓고 가는 일들이 종종 있었다. 보건복지를 담당하는 행정부처는 이러한 행위를 아동복지법 제17조에 근거하여 아동 유기로 간주했다.

보건복지부는 2011년 이후 베이비박스에 보호된 아기들을 영아 유기로 보고 이들을 기아(棄兒) 통계에 포함시켜 발표했다(아동복지법 17조 6항 '자신의 보호·감독을 받는 아동을 유기하거나 의식주를 포함한 기본적 보호·양육·치료 및 교육을 소홀히 하는 방임행위').

영아 유기의 사전적 의미가 '아기를 보호받지 못하는 상태에 두는 것'이라 할 때, 앞에서 언급한 행위를 영아 유기로 볼 수 있는지에 대한 논란이 있을 수 있지만 이를 「넓은 의미의 영아 유기」로 정의한다.

② 좁은 의미의 영아 유기

친생부모가 자신의 아기를 공중화장실, 쓰레기통, 지하철 무인 보관함, 야산 등 차갑고 비위생적인 곳에 버리는 행위들이 있었다. 이는 아기에게는 생명을 잃을 수 있는 치명적인 행위로서 사법당국은 이를 명백한 범죄로 규정하여 처벌하고 있다. 형법에서는 유기를 '요부조자를 보호 없는 상태에 둠으로써 그의 생명, 신체에 대한 위험을 증가시키거나 발생시키는 행위'로 정의하고 있다. 이에 따라 '아기를 보호 없는 곳에 둠으로써 아기에게 치명적인 위해를 주는 행위'를 「좁은 의미의 영아 유기」로 정의하고 있다.

검찰과 경찰은 영아 유기를 좁은 의미의 관점에서 해석하고 있으며, 경찰청 발표 통계에서 2014년부터 검찰에 의해 기소된 건수만을 영아 유기 건수에 포함시키고 있다.

2) 베이비박스 현황과 정부기관 통계 해석

베이비박스에 최초 보호된 아기의 경우, 경찰에 미아로 신고되기 전 친부모와의 상담을 통

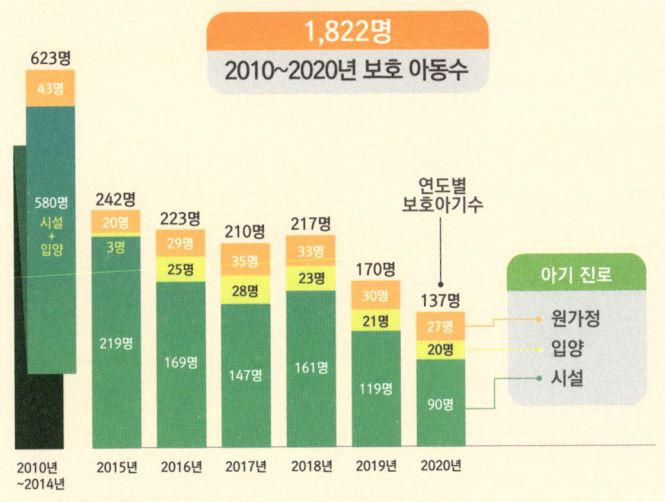

2010~2020년 베이비박스 보호 후 아기 진로

해 원가정으로 돌려보내거나 출생신고 후 입양을 통해 부모가 있는 가정에 보호될 수 있도록 하고 있다.

2020년 기준으로, 주사랑공동체는 베이비박스에 온 아기들의 친부모를 98% 이상 만나 상담하였으며, 그중 36% 이상의 아기가 친부모 품에 다시 안기거나 가정의 품으로 놀아갔다.

베이비박스를 설치한 뒤, 약 3~4년 동안 베이비박스는 '아기 유기를 조장'하고 '아기의 부모에 대한 알 권리를 박탈한다'라고 국가 기관과 일부 시민단체가 주장하였지만, 한국형 베이비박스 운영 형태를 바라본 78% 이상의 국민은 '베이비박스가 아기를 보호하고 있다'고 인식한다는 여론 조사 결과가 있었다. 이는 '아기의 알 권리보다 아기의 생명이 더 중요하다'는 생각이 지배적이다. '아기의 생명이 보장되어야 인권을 말할 수 있다'는 반증이기도 하다.

또한, 불가피한 사정으로 출생신고를 하기 어려운 가정이나 위기 임산부 및 미혼부모 등 복지 사각지대에 대해 국가가 개입할 수 없는 것이 문제가 될 수도 있다. 출생신고를 강제하는 입양특례법의 사각지대가 이미 존재하는 상황이며, 국가는 국민의 안전과 생명을 보호하기 위해 비밀출산특별법을 시급히 국회에서 통과시켜야 한다.

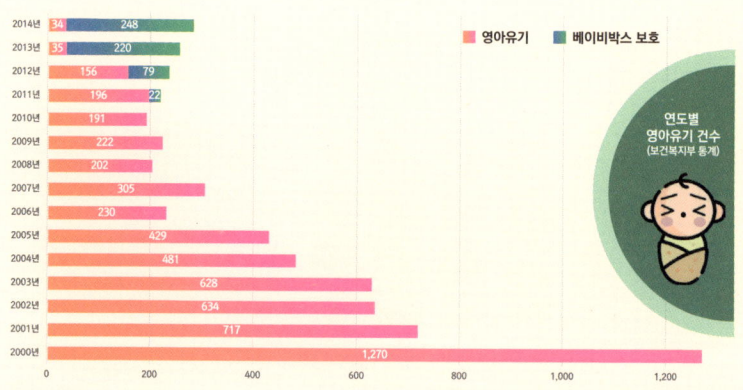

연도별 영아 유기 건수 / 보건복지부 통계 기준

① 넓은 의미의 영아 유기와 베이비박스

보건복지부 통계에 따르면, 영아 유기는 2000년도까지 매년 1,000건 수준을 상회하다가 2001년 이후 꾸준히 감소하여 2006년 이후에는 200~300명 사이를 유지하고 있다.

주목할 만한 사실은 2012년 8월 입양특례법 시행 이후, 출생신고가 안된 아기들이 보육원이나 입양기관으로 갈 수 없게 되면서 대부분 베이비박스에 보호되었다.

넓은 의미의 영아 유기를 법으로 규제하고 처벌하려고 할 때 풍선효과가 생길 수 있다. 베이비박스로 인해 영아 유기가 증가한 것이 아니라 입양특례법 시행 후 다른 곳으로 갈 수 없는 아기들이 베이비박스에 보호된 것이다. 또한, 아기가 위험한 장소에 버려지지 않고 베이비박스를 통해 안전하게 보호받았다는 것도 그래프를 통해 확인할 수 있다.

② 좁은 의미의 영아 유기와 베이비박스

경찰청 통계에 따르면, 2005년까지 150여건 정도를 유지하던 영아 유기 건수는 2006년 이후 2010년까지 꾸준히 감소세를 보이다가, 2011년 124명 이후 2012년 139명, 2013년 225명으로 급증한다.

연도별 영아 유기 건수 / 경찰청 통계 기준

베이비박스 설치 후 유기 위험에 놓인 아기들이 베이비박스에 안전하게 보호되었다는 점에서 큰 의미가 있다. 베이비박스를 찾지 못해 공중화장실, 지하철 무인 보관함, 음식물 쓰레기통, 야산, 주택가 계단, 다리 밑, 비좁은 건물 틈 사이 등 비위생적이며 저체온증으로 사망할 수 있는 위험한 장소에 아기를 유기하는 사례가 아직도 빈번히 발생하고 있다.

넓은 의미와 좁은 의미의 영아 유기를 살펴봤듯이 베이비박스는 유기 위험에 노출된 아기들을 안전하게 보호할 수 있는 생명 장치이자 긴급보호장치의 역할을 충분히 감당하고 있다.

※보건복지부 통계와 경찰청 통계가 해석에 따라 다를 수 있음.

2. 영아 유기 발생 요인

· 부모의 원치 않는 임신 : 미성년 미혼모의 출산, 혼외 출산, 성폭행에 의한 출산
· 미혼부모에 대한 사회의 부정적인 인식과 편견
· 사회복지 사각지대 미혼모 지원의 미비(경제적 어려움)
· 입양특례법에 의한 입양의 어려움
· 장애아동 출산으로 인한 사회적 편견과 경제적 어려움

3. 입양특례법과 영아 유기

2012년 8월 입양특례법은 친생부모의 출생등록 의무화, 입양숙려제, 가정법원의 입양허가

제, 양부모에 대한 자격심사 강화 등을 골자로 하고 있으며 아동의 권익과 복지 증진을 목적으로 하고 있다. 출생신고를 강제하는 이 법은 출생신고가 어려운 미혼모들에게 선택지 없이 낙태 또는 출산 후 유기라는 막다른 골목으로 몰아넣고 있으며 아동의 생명을 위협하는 결과를 초래하고 있다.

이 사실은, 입양특례법 시행 후 1년간 베이비박스를 찾은 미혼부모가 남긴 편지 191통 중에서 81통(43%)에 '개정된 입양특례법으로 인해 어려움을 겪었다'라는 내용이 담겨 있는 데에서도 확인할 수 있다.

4. 비밀출산특별법의 필요성

입양특례법 또한 아동의 인권을 지키고자 한 긍정적 취지에서 비롯되었음은 분명하다. 하지만, 대한민국의 가부장적인 인식구조와 미혼부모에 대한 편견, 입양에 대한 부정적 인식, 생명 경시 풍조가 만연한 실정에서 입양특례법만을 시행한 것은 시기 상조라는 평가가 높다.

이를 보완하기 위해서는 위기임신으로 인해 출생신고가 어려운 가정의 경우 비밀출산법을 도입하여 부모의 익명성을 보장하고 보호된 아기는 시설이 아닌 가정에서 자랄 수 있도록 입양을 활성화하는 정책이 필요하다. 또한, 프랑스와 같이 친부모가 아기를 키우기로 할 경우 아기가 성인이 될 때까지 국가에서 양육에 대한 모든 부분을 지원하는 방식으로 제도적 지원이 마련된다면 아마 베이비박스는 필요가 없게 될 것이다.

국가는 국민의 안전과 생명, 재산을 보호할 의무와 책임이 있다. 생명이 보장될 때 인권을 주장할 수 있다는 점에서 베이비박스의 가치를 다시 한번 돌아보기를 바란다.

▨▨ 2014 ▨▨ 출생 몸무게 2.7kg ▨▨

BCG · B형간염 예방 1. 2차 접종

친모와 아이 출생전 이혼이 되었으나.
아이를 엄마 성으로 출생신고 후 다시 취소되어
아이를 출생신고 조차하지 못하고 그후 엄마는
집을 나가 행방 불명 연락 할수 없는 방법이 없습니다.
아파도 병원 갈수 없는 것도 아니고.
목욕이 아이에게 해줄수 있는 것이 없습니다.
이 모든 상황을 헤아려 주시고.
아이의 앞길을 배려해 주셨으면 합니다.
아이를 생각해서 입양 절차로 상담해 왔지만
입양특례법 때문에 그것조차 거절되고 내네.
모든 상황이 원망스럽습니다.
이모든 법이 좀더 현실적이 됐으면 좋겠습니다.

17살 아이 엄마입니다. 아이를 키우고 싶은데 나이도 어린거라 키울 여력이 되지 않아서 이곳에 이렇게 맡기고 갑니다. 아이에게도 너무나도 큰 죄를 짓고 갑니다. 아직 아이 이름도 짓지못한 못난 엄마..
저는 씻을수 없는 너무나도 큰 죄를 지었습니다. 우리 불쌍한 아들 부디 건강하게 잘 클수있도록 도와주세요. 죄송합니다. 정말 죄송합니다.
저희 아이 성별은 (남) 아가구요, 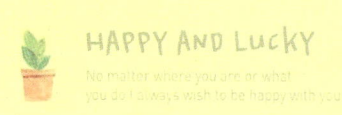 0시 12분 4억2일)에 태어났습니다. 자연분만으로 건강하게 세상에 나왔습니다.
(체중-3.4.6㎏) (신장-51㎝) (두위-32.5㎝) (흉위-33㎝) 로 처음 태어났습니다. 현재 B형 간염 1차 맞았습니다. 오늘부로 태어난지 4일 되었습니다. 우리아이 아프지않게 행복하게 해주세요.. 못난엄마 만나서 너무.. 힘들게 태어는거 같아 마음이 너무 아픕니다.
조금 못난엄마고 아픈마음 꼭 잡고 돌아서겠습니다.
저희아이 잘부탁드립니다. 정말 죄송합니다.

— 2014년 ▇▇▇ 도▇일 —

아이이름 : ▇▇▇

아가야, 어서 와. 많이 힘들었지?

'베이비박스'
이종락 목사의 기다림, 그 의미

약속 시간, 주사랑공동체 대표 이종락 목사(사진)가 가쁜 숨을 쉬며 도착했다. 병원에 다녀오는 길이라고 했다. 열여섯 살 어린 산모의 다급한 출산을 보고 오는 길.
"어젯밤에 아이가 배가 아프다고 연락을 했어요. 하룻밤 보살핀 후 오늘 아침 함께 병원에 갔지요. 다행히 아기와 산모 모두 건강해요. 얼마나 귀합니까? 어린데도 아기를 버리지 않고 낳았으니…."
이 목사의 얼굴에 옅은 홍조가 보였다. 손주를 본 천생 할아버지의 미소. 고통과 불안 속에서 얻은 귀한 생명이다. 다급한 상황에 놓인 여인들의 연락과 발길이 이어진 지 13년째. 베이비박스는 어린 미혼모가 아기를 낳자마자 몰래 유기하는 슬픈 현실 속에서 비롯됐다. 이 목사는 두려움 속에 버려진 아기들이 목숨을 잃거나 장애를 입는 현실에 몸서리쳤다. 그래서 자신의 집에 '베이비박스'를 만들고 "아기를 버리지 말고 이곳에 두라"고 알렸다. 기다림은 어린 생명들과의 인연으로 이어졌고, 그와 아내는 생면부지의 아기들을 먹이고 입히기 시작했다. 입양을 보낼 때면, 특히 미혼모가 자신의 아기를 찾아올 때면 기쁨이 차올랐다. 그렇게 주사랑공동체가 생겨났고, 현재(2021년 1월 27일 집계) 베이비박스를 거쳐 간 아기들의 수는 1,837명에 이른다. 이틀에 한 명꼴로 베이비박스에 아기가 놓이고 있다.

소중한 생명, 기다림

강산이 변하고도 남을 세월 동안 주사랑공동체에도 크고 작은 변화가 많았다. 아기들의 수만큼 어린 엄마들 역시 공동체의 식구가 되었다. 치유 상담은 물론, 바른 임신을 위한 성교육 등 미혼모를 돌보는 일도 공동체가 해야 하는 중요한 일이었다. 인연이 늘고 도울 일은 많아졌지만 살림형편은 나아지지 않았다. 그쯤 기초생활비 수급 문제로 어려움을 겪게 되었다. 유용은 없었다는 법원의 최종 판결로 일단락됐지만 그를 바라보는 세간의 시선은 이전과 달라졌다. 애초에 개인이, 민간이 감당하기에는 어려운 일을 겁 없이 시도한 탓일까. 하지만 그에게는 생명을 보내시는 하나님께 감사하며 지내 온 나날이었다. 그 누구도 원망하지 않았다. 그의 부침은 버려진 아기를 처음 만났던 날로 돌아가 초심을 다지는 시간이 되었다. 아기를 만나는 기다림은 슬프면서도 기쁘다. 베이비박스에 누워있는 아기는 버려진 게 아니라 맡겨진 것, 포기한 게 아니라 살린 것이기 때문이다. 하지만 기다림은 몸서리치게 아프고 슬픈 순간으로 이어지곤 했다. 작년 11월, 한 미혼모가 긴장한 탓에 갓난아기를 베이비박스 안이 아닌 밖에 두고 떠나 아기가 숨지는 사고가 있었다. 이 목사는 앞이 캄캄했고 아득했다. 하지만 다시 무언가를 해야만 했다. 또다시 그렇게 스러지는 생명이 나오지 않도록 서둘러 공사를 시작했다. 베이비박스의 문을 열지 않더라도 누군가 계단만 밟아도 비상벨이 울릴 수 있도록 안전장치를 구축했다. 베이비룸을 만든 것도 산모와 아기가 언제든 편히 쉴 수 있도록 고안한 것이다.

생명 경시, 여전한 사회

이 목사가 체감하고 있는 유기 영아의 현실은 어떨까. 버려지는 아기들의 숫자가 어떤 추세인지 궁금했다.

"유기 영아가 점차 줄어드는 추세입니다."

의외의 대답이었다. 버려지는 아기들의 수가 감소하고 있다면 다행스러운 일이 아닌가. 하지만 그의 얼굴은 어두웠고 이내 어조는 높아졌다.

"2년 전 헌법재판소에서 낙태법이 위헌의 소지가 있으니 법을 개정하라는 판결을 내린 바 있어요. 법이 아직 확정된 것도 아닌데, 낙태시술이 크게 늘었습니다. 낙태에 대한 죄책감을 국가기관이 덜어준 셈이죠. 따라서 아기를 낳지 않고 없애는 사례가 크게 증가했습니다. 그 결과 버려지는 아기의 수도 줄어들었죠."

이 목사에 따르면 최소 3,000여 명의 생명들이 매일 병원에서 사라지고 있다고 한다. 그는 우리 사회에 만연한 생명 경시 풍조를 통탄했다. 유기 아동과 입양 아가들의 학대 사고가 있을 때마다 그는 이 문제의 심각성을 피력했다. 감소추세이기는 하지만 여전히 아기들은 버려지고 있다.

"생명의 현장에 무지한 탓입니다. 베이비박스는 생명을 살리는 일입니다. 배 아파 낳은 자식을 길바닥에 버리고 싶은 부모는 없습니다. 키울 수 없으니 베이비박스에라도 맡기는 겁니다. 오늘 출산한 엄마도 열여섯 살입니다. 어린 학생이 어떻게 아기를 낳고 키울 수 있습니까? 그들은 도움의 손길을 기다립니다. 누군가 나서 도와주어야만 합니다."

베이비박스 사라지다

이종락 목사에게 기다림은 베이비박스를 없애는 어느 날을 향해 있다. 처연한 심정으로 베이비박스를 열지 않아도 되는 그날, 아기들을 품에 안고 그날을 기다려 왔다. 앉아서 기다리던 그가 지금은 길을 찾아 나섰다. 십 년을 훌쩍 넘긴 기다림은 평범한 목회자를 결기 있는 행동가로 바꿔 놓았다.

수년 전부터 입법 활동에 나섰다. 법을 만들어 주지 않으니 만들자고 직접 소리를 내야 했다. '모든 출산은 보호를 받아야 합니다'라는 취지의 출산 보호법을 20대 국회에 발의하는 데 산파 역할을 했다. 낙태법이 실효적이 된 암담한 현실은 또다시 그의 기다림을 사정없이 흔들어 버렸다. '그 또한 기다림이다' 이 목사는 지금도 '보호 출산 특별법'의 입법화를 추진하고 있다.

길을 찾고 있는 이종락 목사에게 '정인이' 사건은 또 어떻게 다가왔을까? 그는 잠시 동안 말을 잇지 못했다. "공황 상태였달까요…. 큰 충격이었습니다. 주체할 수 없는 슬픔이었습니다."

그의 소리는 탄식에 가까웠다. 아홉 명의 장애아를 입양한 아버지기도 한 그는 자신 탓이라고 했다. 어른으로서, 한 명의 목회자로서 자신의 잘못이 크다고 되뇌었다. 안타깝게도 그리스도인에 의한 자녀 학대. 마주하기 힘든 우리의 현실이자 모습이라고 했다.

모든 기다림엔 끝이 있다

그에게 기다림은 수없이 흔들렸던 고뇌의 시간이었다. 정인이의 죽음은 이 목사에게 또다시 큰 울림을 안겼다. 4년 전 친부와 계모의 학대로 숨진 '원영이 사건' 당시, 그는 우리가 침묵하면 안 된다고 소리를 높였다. 세상 모든 사람이 돈과 명예를 좇을지라도 나 혼자라도 아니라고 외쳐야 한다고 강조했다.

"기다림에는 반드시 끝이 있다고 생각해요. 언젠가 베이비박스도 사라지는 날이 올 겁니다. '이제 끝이다' 싶을 만큼 흔들리고 아픈 순간들도 많았습니다. 하지만 그 아픔이 힘이 되어 이만큼 올 수 있었습니다. 눈물도, 아픔도, 분노도 결국 더 이상 기다리지 않아도 되는 그날을 향해 가는 과정이고 에너지일 뿐입니다."

이 목사는 아동의 출산과 유기에서 사회 진출 및 적응까지, 이들을 위한 청사진을 날마다 그리고 있다. 언젠가 만나게 될 기다림의 끝을 지금부터 눈으로 확인하고 있다.

[출처: 아름다운동행] 김희돈 기자 2021.2.1

 나가면서

책을 집필하기까지 부끄러웠습니다.
보이지 않는 곳에서 목숨을 걸고 복음을 전하시는 훌륭하신 신앙의 선배님들이 계시기에
미천한 제가 사역을 글로 옮긴다는 것이 부끄럽고 죄송할 따름입니다.

다만,
생명 경시 풍조가 만연한 시대에
주님의 흔적을 가지고 있는 저로서 부족하나마 주님의 사랑을 전하고 싶었습니다.

주님께서 죄악으로 인해 죽을 수밖에 없는 우리를 살리시기 위해

우리 대신 십자가에 못 박혀 죽으셨지만
이 시대는 인본주의에 따른 이념, 인권, 법, 제도, 행정이라는 미명 아래
낙태도 쉽게 법으로 허용해 버렸고
집단의 이익을 위해 하나의 생명은 가볍게 여기는 시대가 되어 버렸습니다.

천하보다 귀한 한 생명을 돌보는 것이 주님의 흔적을 지닌 그리스도인으로서 마땅히 해야 할 본분이며 사명입니다.

장애로 태어나 33년간 자신이 원하는 것을 손으로 쥐어 본 적 없는 아들 은만이….

아가야, 어서 와. 많이 힘들었지?

하나님께서는 아들 은만이를 통해 완악했던 저의 마음을 움직이셨고
긍휼의 마음을 통해 생명 살리기 사역을 하게끔 하셨습니다.

복음은 예수그리스도의 사랑을 품고 생명을 돌아보는 것이며,
나아가 영혼을 구하고 살리는 것입니다.

고아와 과부를 돌보는 그것이 교회가 나아가야 할 방향입니다.
실제 고아와 과부는 우리를 비유로 들어 설명하고 있습니다.
하나님을 잃어버린 자가 고아이며, 예수님을 떠난 자가 과부입니다.
우리가 실천하지 못하면 그 비유를 이해할 수 없습니다.

예수님 사랑, 이웃 사랑

저는 계획이 없습니다. 다만, 하나님께서 하실 겁니다.

천하보다 귀한 한 생명을 살리기 위해 기도합니다.
그리고 전능하신 하나님을 믿고 감사하고 사랑합니다.

우리를 구원하신 하나님을 찬양합니다.

아가야, 어서 와
많이 힘들었지?

이종락 지음

초판발행 2021년 6월22일

발행처   국민일보
신고번호 제1995-000005호
주　소   서울 영등포구 여의공원로 101
전　화   02-781-9870
홈페이지 www.kmib.co.kr

ISBN 978-89-7154-345-0

*값은 뒤표지에 있습니다.
*저자와의 협약에 의해 인지는 생략합니다.
*이 책은 저작권법에 의해 보호받는 저작물이므로
　무단 전재와 복제를 금합니다.